इतिहास का शव

इतिहास का शव

[व्यंग्य-संग्रह]

रवीन्द्रनाथ त्यागी

राजकमल प्रकाशन

ISBN : 978-81-2670-327-2

मूल्य : ₹595

पहला संस्करण : 1993
दूसरा संस्करण : 2001
This book is printed on **Print on Demand** Technology : 2024

प्रकाशक : राजकमल प्रकाशन प्रा. लि.
1-बी, नेताजी सुभाष मार्ग, दरियागंज
नई दिल्ली-110 002
शाखाएँ : अशोक राजपथ, साइंस कॉलेज के सामने, पटना-800 006
पहली मंजिल, दरबारी बिल्डिंग, महात्मा गांधी मार्ग, प्रयागराज-211 001
1, अनमोल सोराबजी संतुक लेन, धोबी तलाव, मरीन लाइंस, मुम्बई-400 002
वेबसाइट : www.rajkamalprakashan.com
ई-मेल : info@rajkamalprakashan.com

ITIHAS KA SHAV
by Ravindra Nath Tyagi

स्वर्गीय सर्वश्री रामचरन सिंह त्यागी, चंद्रशेखर सिन्हा
एवं
लालमोहन बनर्जी की स्मृति में

अनुक्रम

●

सरकारी काम न करने के क़ायदे

गीता में स्पष्ट रूप से कहा गया है कि किसी भी व्यक्ति को कभी भी अकर्मण्य नहीं होना चाहिए। आगे चलकर यह भी कहा गया है कि कर्मों का सर्वथा त्याग तो वैसे भी असंभव है। मगर ये सारी शास्त्रीय वाणी मात्र उन लोगों के लिए है जो सरकारी कर्मचारी नहीं हैं। जैसाकि भारत सरकार के एक समय-सिद्ध उच्च अधिकारी ने मुझे एक बार निःसंकोच बताया था कि यदि काम ही करना होता तो क्या वे सरकार की नौकरी ही करते ? काम करनेवाले व्यक्ति व्यापार करते हैं, वकालत या डाक्टरी करते हैं और यदि कोई भी चारा नहीं बचता तो वे राजनीति में प्रवेश करते हैं। सरकारी नौकरी तो सिर्फ़ इस कारण की जाती है कि रौब-दाब रहे, घूस का पैसा मिले, सुंदर युवतियों के साथ समय व्यतीत हो और देश-विदेश की यात्रा करने का अवसर प्राप्त हो। सरकारी नौकर होने के बाद व्यक्ति के लिए एकदम 'निष्काम' हो जाना अनिवार्य है। यदि वह ऐसा नहीं करता तो उससे बड़ा मूर्ख इस असार संसार में और कोई नहीं होगा। मुझे अपने लंबे सरकारी जीवन के आधार पर आपको यह सूचना देते हुए हर्ष होता है कि सरकार के ज़्यादातर अधिकारी और शेष कर्मचारी मूर्ख नहीं हैं। वे कम से कम काम करते हैं और सरकार का जादू यह है कि वह फिर भी चलती रहती है। बिना मंत्रियों के सरकार चल सकती है पर निकम्मी नौकरशाही के बिना वह एक दिन भी नहीं चल सकती। गीता में इसी कारण कहा गया है कि कर्म की गति अत्यंत गहन है; वह आसानी से

आपकी पकड़ में नहीं आ सकती।

काम न करने के भी कुछ नुस्खे होते हैं जिनके जाने बिना काम से बचना कठिन होता है। अपने और अपने बड़े अफ़सरों और साथियों द्वारा आज़माए गए कुछ कालजयी क़ायदे आप सबके हित के लिए नीचे लिखता हूं। इन नुस्ख़ों के अतिरिक्त और भी नुस्ख़े होंगे जिन्हें आप अपने सरकारी जीवन में स्वयं सीखेंगे। अब आप इन नुस्ख़ों को नोट करें और भगवान से प्रार्थना करें कि वे मुझे लंबी आयु प्रदान करें। मुझे जितने मुस्ख़ों का पता है उनमें से प्रमुख नुस्ख़े इस प्रकार हैं :

[एक] काम न करने का सबसे 'स्थूल' और स्वयंसिद्ध कायदा यह है कि आप फ़ाइल देखें ही नहीं। दफ़्तर जाइए, वुडहाउस पढ़िए, दोस्तों को फ़ोन कीजिए और बाकी वक़्त में सोइए। जितनी गहरी नींद सरकारी दफ़्तरों में आती है उतनी गहरी नींद घर पर कभी आ ही नहीं सकती। मेरे एक घनिष्ठ मित्र एकाउंटेंट-जनरल थे। वे फ़ाइलों की तरफ़ कभी देखते ही नहीं थे। फ़ाइलें आती थीं और मेज़ का वज़न बढ़ता जाता था। जब मेज़ पर जगह नहीं बचती थी तो फ़ाइलें फ़र्श पर रखी जाने लगती थीं। मेरे ये मित्र महीने के अंतिम दिन अपने व्यक्तिगत सहायक को बुलाते थे जो हर फ़ाइल में वह स्थान उन्हें दिखाता था जहां कि उन्हें दस्तख़त करने होते थे। वे बिना पढ़े दस्तख़त करते जाते थे और महीने-भर का सारा काम एक दिन में साफ़ हो जाता था। उनकी इस आदत को सब जानते थे। एक बार किसी मित्र ने पूछा कि जिस तरह वे सारा कामकाज निबटाते हैं उसमें कोई खतरा तो नहीं है ? उन्होंने पाइप सुलगाया और कहा कि "इन सारी फ़ाइलों को बाबू ने देखा है, सुपरिंटेंडेंट ने देखा है, लेखा-अधिकारी ने देखा है, छोटे डिपुटी एकाउंटेंट-जनरल ने देखा है और अंत में चलकर बड़े डिपुटी एकाउंटेंट-जनरल ने देखा है। निन्यानवे प्रतिशत फ़ाइलों में जो लिखा गया है वह ठीक ही होगा। जहां तक शेष एक प्रतिशत फ़ाइलों का प्रश्न है, उनके बारे में यदि कभी किसी

ने कोई शंका प्रकट की तो हमेशा यह कहा जा सकता है कि "देयर कैन आलवेज़ बी ए डिफ़रेंस ऑफ़ ओपिनियन।" उनके उत्तर को सुनकर मित्र दिल खोलकर हंसे।

[दो] मेरे एक मित्र-अधिकारी थे जो फ़ाइल पर बिना पढ़े दस्तखत करते थे और फिर उसे अपने से सीनियर अधिकारी के पास भेज देते थे। सारी उम्र उन्होंने कभी कोई निर्णय अपने स्तर पर नहीं लिया; निर्णय या तो किसी जूनियर ने लिया या फिर किसी सीनियर ने लिया। उनकी मेज़ पर कोई फ़ाइल कभी नहीं रुकी। यदि कोई अधिकारी कभी अपनी कोई फ़ाइल गलती से उनकी मेज़ पर छोड़ गया तो उन्होंने उसके साथ भी वही व्यवहार किया। सरकार में अपने-पराये का भेद करना उच्च अधिकारियों को शोभा नहीं देता।

[तीन] एक बहुत सीनियर आई.सी.एस. थे जिनमें सारे गुण थे मगर फ़ाइल पढ़ने से उन्हें ज़बर्दस्त चिढ़ थी। वे प्रायः अपनी फ़ाइलों को विधि मंत्रालय या वित्त मंत्रालय को भेज दिया करते थे। विधि मंत्रालय फ़ाइल को एक माह बाद और वित्त मंत्रालय तीन महीने बाद वापिस करता था और प्रायः पूछता था कि वह कौन-सा मुद्दा है जिस पर उन्हें सलाह देनी है? फ़ाइल वापिस आने पर वे उसे प्रायः योजना आयोग को भेज देते थे जहां से फ़ाइलें उन दिनों प्रायः कम ही वापिस आती थीं।

[चार] एक और आई.सी.एस. अधिकारी थे जो हर महत्वपूर्ण मामले को तय करने के लिए मीटिंग बुलाते थे ताकि ज़िम्मेदारी सिर्फ़ उन्हीं पर न रहे वरन् सब पर रहे। मीटिंग में वित्त मंत्रालय के अतिरिक्त उन विभागों के अधिकारियों को भी कभी-कभी बुला लिया जाता था जिनका उस मामले से बहुत दूर का संबंध होता था। मीटिंग के बाद उसका विवरण तैयार किया जाता है जिसे अंग्रेजी में 'मिनिट' कहते हैं। 'सचिवालय में एक कहावत प्रचलित थी कि " 'मिनिट' बनाने के लिए 'घंटे' बर्बाद किए जाते हैं।" मीटिंग के संदर्भ में मुझे अपनी सर्विस के

एक अधिकारी की याद आती है जो केंद्रीय सचिवालय में संयुक्त सचिव थे। उन्हें चौबीस दिसंबर को रिटायर होना था और उन्होंने एक महीना पहले से ही हर कठिन फ़ाइल पर लिखना शुरू कर दिया था कि मामले को तय करने के लिए चौबीस दिसंबर के बाद मीटिंग की जाए। निश्चित तारीख के बाद जब बड़े अधिकारियों ने मीटिंग की निश्चित तिथि और समय जानने के लिए उन्हें फ़ोन किया तो उन्हें पता लगा कि साहब तो सेवानिवृत्त होकर दिल्ली से महाप्रस्थान कर चुके हैं। सारी स्थिति समझने के बाद उन लोगों ने उनकी दूरदर्शिता की दाद दी।

[पांच] एक संयुक्त सचिव थे जो लगभग प्रत्येक फ़ाइल पर "प्लीज स्पीक" लिखकर उपसचिवों को उसी दिन वापिस कर देते थे। उनकी मेज़ तो साफ़ हो जाती थी मगर बेचारे उपसचिव उनसे बात करने का समय ही मांगते रहते थे जो उन्हें शायद ही कभी मिलता था। अंत में चलकर स्थिति यह होती थी कि उपसचिव लोग फ़ाइल को अपने स्तर पर ही 'डिस्पोज' कर देते थे। ये संयुक्त सचिव बड़े चतुर व्यक्ति थे; एक ओर तो अपनी मेज़ साफ़ रखते थे और दूसरी ओर पुरानी फ़ाइलों के बेकार बंडल रैक पर इस तरह सजातें थे कि प्रत्येक आगंतुक को यह लगे कि साहब पर वास्तव में बेहद काम है।

[छह] मेरे एक कंट्रोलर-जनरल थे जो बिना किसी तैयारी के बड़ी से बड़ी मीटिंग में भाग लेने के लिए सदा तत्पर रहते थे। उनकी सफलता का रहस्य यह था कि वे प्रत्येक प्रस्ताव से सहमत हो जाते थे क्योंकि असहमत होने पर उन्हें उसके कारण बताने पड़ते जो उन्हें कभी ज्ञात नहीं थे। उनका यह 'शार्ट-कट' वास्तव में मौलिक था।

[सात] एक मेरे मित्र-अधिकारी थे जो सब तरह की छुट्टियां बिना नागा हमेशा लेते थे। एक तो वैसे ही दफ़्तर हफ़्ते में पांच दिन खुलता है, फिर त्यौहारों की छुट्टियां होती हैं और इनके अतिरिक्त वे आकस्मिक अवकाश, अर्जित अवकाश और बीमारी के कारण मिलनेवाला अवकाश भी हमेशा लेते थे। साल में जो थोड़े-बहुत दिनों वे दफ़्तर आते थे तो

उसमें या तो दौरा करते थे या फिर हसीन स्टेनोग्राफ़र के साथ क्रिकेट की कामेंटरी सुनते थे। इतने व्यस्त अधिकारी को काम करने का अवसर ही कहां प्राप्त होता था ? बीमारी का यह हाल था कि प्रसव को छोड़कर शायद ही कोई ऐसा कष्ट था जो उनकी देह ने नहीं झेला था।

ऊपर बताए सात नुस्खे़ ऐसे हैं कि उनके सहारे आप सरकारी नौकरी के सातों समंदर पार कर सकते हैं। और हां, यहां यह बात साफ़ करना मेरे लिए ज़रूरी है कि काम न करने से आपकी पदोन्नति, विदेश-यात्रा या बाकी समृद्धि पर कोई प्रभाव नहीं पड़ेगा। ये चीज़ें जो हैं वे तो जाति, धर्म, प्रांतीयता, आपके पिता की हैसियत और आपकी निजी पत्नी के रूप और चरित्र पर निर्भर हैं। इस संदर्भ में मैं आपको यह भी बता दूं कि काम न करना सबके लिए संभव नहीं है। काम करने का रोग यदि असाध्य नहीं तो कष्टसाध्य तो अवश्य ही है। मेरी सेवा के तीन बड़े अधिकारी [श्री श्रीनिवासन्, श्री कोनार व श्री सुंदरम्] इतना ज़्यादा काम करते थे कि तीनों को दिल का दौरा पड़ गया। मैं स्वयं एक परिश्रमी अधिकारी रहा और दिल का दौरा तो मुझे नहीं पड़ा [क्योंकि दिल तो ··· माबदौलत बहुत पहले ही एक रूपवती रमणी को दे चुके थे] मगर 'नर्वस ब्रेकडाउन' मुझे भी हुआ और पूरी तरह स्वस्थ मैं कभी नहीं हो पाया। मगर सरकार के काम करनेवाले ईमानदार लोगों को प्रायः लोग उसी निगाह से देखते हैं जिससे विभीषण व मीरजाफ़र को देखा जाता रहा।

आपको जानकर खुशी होगी कि नौकरशाही को और भी निकम्मा बनाने के लिए सन् 1968 में अमेरिका में 'दि इंटरनेशनल एसोसिएशन ऑफ़ प्रोफ़ेशनल ब्यूरोक्रैट्स' नामक संस्था की स्थापना की गई। इसका मुख्य कार्यालय वाशिंग्टन में स्थित है और इसकी शाखाएं संसार के प्रायः सभी देशों में खुली हैं। इस संस्था के संथापक मिस्टर बोरेन एक विलक्षण बुद्धि के प्रतिभावान् व्यक्ति हैं। उन्होंने 'गत्यात्मक अकर्मण्यता' [Dynamic In-action] का सिद्धांत प्रतिपादित किया है जिसके अनुसार काम न करना एक बहुत बड़ी कला और एक बहुत बड़ा विज्ञान बन गया

है। उनका कहना है कि काम न करना, काम करने से कहीं ज़्यादा कठिन है और उसके लिए उदात्त चरित्र, दृढ़ निश्चय और धार्मिक विश्वास बेहद ज़रूरी हैं। वे चाहते हैं कि लाल फ़ीता कटे मगर लंबाई में नहीं बल्कि सिर्फ़ चौड़ाई में, डेलिगेशन हो मगर शक्ति का नहीं वरन् मात्र ज़िम्मेदारी का, मौलिकता हो मगर क़ायदे-क़ानून के भीतर, बाहर नहीं। उनके अनुसार कोई भी चीज़ तब तक असंभव नहीं है जब तक कि उसके ऊपर विचार-विमर्श करने के लिए कोई कमेटी न बिठा दी जाए। वे खुलेआम कहते हैं कि गलतियां करो मगर इतनी करो कि वे परंपरा बन जाएं। क़ानून में लिपटी बुद्धिमत्ता को अच्छे कपड़ों में ढकी मूर्खता से सदा पराजित होना पड़ेगा। मिस्टर बोरेन का कहना है कि दौरे के भत्ते का बिल भरने में लगे समय को छोड़कर कोई और अवसर ऐसा नहीं है जिसमें सरकारी अफ़सर या सरकारी कर्मचारी को कल्पना की आवश्यकता पड़ती हो। उनका भरत-वाक्य है कि खेती के सारे फ़ार्म उस फ़ार्म के सामने बेकार हैं जिसके द्वारा आप सरकार से पैसा वसूल करते हैं। आमीन। ●

पिकासो, इक़बाल और ख़ाकसार

एब्सट्रेक्ट आर्ट की उस चीज पे देखी है असास
तन की उरियानी से बेहतर नहीं दुनिया में लिबास;
एक तस्वीर जो देखी तो यह सूरत निकली
जिसको समझा था अनन्नास वो औरत निकली

माडर्न पेंटिंग पर सैयद मुहम्मद जाफ़री ने जो कुछ भी कहा वह पिकासो की चित्रकला पर एकदम ठीक उतरा। पिकासो वास्तव में एक होनहार इंसान थे। उन्होंने अपनी जो अंतिम शादी की थी वह एक ऐसी युवती से की थी जो उनसे मात्र पचास वर्ष छोटी थी। इसी तरह जब उनकी एक प्रदर्शिनी में से उनके कुछ चित्र चोरी हो गए तो पिकासो ने चोर को पकड़ने के लिए पुलिस की सहायता करने के उद्देश्य से चोर का एक रेखाचित्र बनाकर दिया क्योंकि चोर को उन्होंने अच्छी तरह देखा था। इस रेखाचित्र से पुलिस को बहुत सहायता मिली; उसने उस रेखाचित्र के आधार पर दो गधे, एक टीन का डिब्बा, एक स्क्रू और एक बिल्ली को गिरफ़्तार किया। पिकासो के बारे में आज अख़बार में पढ़ा कि उनकी मृत्यु के पश्चात् उनकी पत्नी को जो संपत्ति-कर देना पड़ा उसकी अदायगी के लिए फ्रांस के आयकर विभाग ने नक़द अदायगी के स्थान पर पिकासो के कुछ चित्र स्वीकार कर लिए। मैं सोचता हूं कि मेरी मृत्यु होने पर भारत का आयकर विभाग भी क्या संपत्ति-कर के स्थान पर मेरी कुछ रचनाएं लेना स्वीकार करेगा या नहीं ? मेरी रचनाएं अमूल्य तो हैं पर

बहुमूल्य नहीं। पिछले अट्ठाईस वर्षों से लगातार लिखने पर भी स्थिति यह है कि अपने परम मित्र लतीफ़ घोंघी के कहने पर मैंने एक रचना मध्यप्रदेश के एक प्रख्यात पत्र के 'होली-विशेषांक' में भेजी। संपादक ने मेरी प्रशस्ति में एक ख़त मुझे लिखा और रचना को काफ़ी सुरुचि के साथ छापा। प्रूफ़ की ग़लतियों के अतिरिक्त और कोई दुर्घटना नहीं की। एक वर्ष के बाद पंद्रह रुपए का मनीआर्डर आया जो मेरा पारिश्रमिक था। बंबई की एक हास्य-पत्रिका के संपादक ने [जिनके पिता मेरे सहपाठी और मित्र थे] पांच रुपए के पोस्टकार्ड लिखने के बावजूद आज तक एक पैसा नहीं दिया हालांकि वे इस पत्रिका में दिए विज्ञापनों और हास्य-सम्मेलनों वगैरा से लाखों रुपए कमाते हैं। आप कहेंगे कि मैं भी क्या रोना रोने बैठ जाता हूं और मैं आपकी ख़िदमत में यह शेर पेश करता हूं जिसे 'अज्ञात' नाम के एक शायर ने लिखा है :

मेरे रोने का जिसमें किस्सा है
उम्र का बेहतरीन हिस्सा है

मैं, हरिशंकर परसाई और शरद् जोशी सारी उम्र लिखते रहेंगे, यश और सम्मान पाते रहेंगे पर आर्थिक हस्ती वही रहेगी जिसकी चर्चा ग़ालिब ने की थी :

चंद तस्वीरें बुतां, चंद हसीनों के ख़ुतूत
बाद मरने के मेरे घर से यह सामां निकला

मैं जब भी दुखी होता हूं तो महाकवि इक़बाल को पढ़ता हूं। शायद आप सारे लोग यह नहीं जानते होंगे कि इक़बाल को जितना आम से प्यार था उतना प्यार उन्हें शायद शायरी से भी नहीं था। एक बार वे बीमार पड़ गए और हालत ऐसी आ गई कि डाक्टर को घर बुलाना पड़ा। डाक्टर ने नुस्ख़ा लिखा और हिदायत की कि आज से ठीक होने तक आप आम नहीं खाएंगे। इक़बाल साहब ने बहुत "दया याचिका" पेश की तो डाक्टर ने

सिर्फ़ एक आम रोज़ खाने की इजाज़त किसी तरह दे दी। दो-चार दिन बाद जब कुछ मुलाकाती और दोस्त उनका हाल देखने गए तो स्थिति यह देखी कि इक़बाल साहब के सामने एक ऐसा बड़ा छिला हुआ आम रखा था जिसका कि वज़न एक सेर से हर्गिज़ कम नहीं था। दोस्तों ने गुस्से में भरकर कहा कि "यह आप क्या कर रहे हैं ? क्या आप डाक्टर की हिदायत भूल गए ?" इक़बाल साहिब ने बड़ी संजीदगी से कहा कि "डाक्टर ने एक आम खाने की खुली इजाज़त दी है और जो मैं खा रहा हूं, वह सिर्फ़ एक ही आम है, ज़्यादा नहीं। जहां तक इस आम के साइज़ का प्रश्न है, मैं यही अर्ज कर सकता हूं कि उस बारे में डाक्टर ने कोई रोक नहीं लगाई थी।" उनका तर्क सुनकर दोस्त हंसने लगे। अब इक़बाल साहिब से कोई क्या बहस कर सकता था जोकि इतने बड़े शायर होने के साथ-साथ हाईकोर्ट के जज भी थे। एक बार 'अकबर' इलाहाबादी ने लंगड़े आमों का एक पिटारा इक़बाल साहब को भिजवाया और लिखा :

तेरे फ़ैज़ मसीआही का यह सब असर 'अकबर'
इलाहाबाद से लंगड़ा चला, लाहौर तक पहुंचा

पिकासो और इक़बाल के बाद यदि थोड़ी-सी चर्चा मैं अपनी भी कर लूं तो क्या हर्ज़ है? मरे हुए शेर से तो ज़िंदा कुत्ता भी अच्छा ही माना जाता है, बुरा नहीं। अपने हालचाल इन दिनों ठीक नहीं हैं। नए बजट में सिगरेट के दाम फिर बढ़ा दिए गए। लगता है कि थोड़े दिनों बाद मैं भी निज़ाम हैदराबाद की तरह बीड़ी ही पिया करूंगा। निज़ाम साहिब की बीड़ियां 'रत्नजटित स्वर्ण पेटिका' में रखी जाती थीं मगर मैं तो उन्हें गत्ते के एक खूबसूरत डिब्बे में ही रखूंगा। सादा जीवन, सादे विचार। वैसे जितनी आय सिगरेट पर लगाए कर से प्राप्त होती है, उतनी आय तो सरकार का ज़रा-सा खर्चा कम करने से निकल सकती है। पर सरकार वैसा नहीं करती। जब तक किसी का दिल नहीं दुखाया गया तब तक सरकार की

शक्ति का पता लोगों को कैसे लगेगा ? मगर मैं सोचता हूं कि सिगरेट वैसे भी बुरी चीज़ है, इसके पीने से क्या लाभ ? अभी-अभी एक पड़ौसी देश में इसी बात को लेकर खासी बड़ी विपत्ति खड़ी हो गई क्योंकि बस में बैठे एक पैसेंजर ने ग़लती से सिगरेट का अंतिम टुकड़ा बाहर खड़े सेना के एक जवान के ऊपर फेंक दिया। इस बात के ऊपर जो फ़िसाद खड़ा हुआ उसमें तीन व्यक्ति मरे और पांच सौ घायल हुए। इसी प्रकार सन् उन्नीस सौ चवालीस में एक देश में सिगरेट का एक अनबुझा टुकड़ा फेंक देने से एक विशाल सर्कस के तंबू में आग लग गई थी। लगभग छह हज़ार दर्शक सरकस देख रहे थे। ऐसी भगदड़ मची की पूछिए नहीं। सर्कस के एक हज़ार जानवर [जिनमें हाथी, शेर, चीते और भेड़िए भी शामिल थे] और दर्शकों में से दो सौ व्यक्ति इस दुर्घटना में मारे गए और सर्कस के मालिकों पर मानव-हत्या का मुकद्दमा भी चला। यह सबकुछ सिगरेट के एक अधबुझे टुकड़े मात्र से संपन्न हो गया। सारी बातें ध्यान में रखकर उचित तो यह होगा कि सरकार सिगरेट के निर्माण और सेवन पर क़ानूनी रोक लगा दे पर यदि ऐसा हो गया तो सरकार को टैक्स का पैसा कहां से मिलेगा ? और यदि टैक्स नहीं मिला तो बड़े-बड़े नेता और अफ़सर विदेश कैसे जाएंगे ? यह तो बड़े ही दुख की बात होगी कि ये लोग देश में ही रहें और विदेश नहीं जाएं। अपने देश में देखने को रखा ही क्या है ? एक दिन केंद्रीय सरकार के एक दयालु मंत्री दिल्ली का ही भिक्षुक-घर [दी बैगर्स होम] देखने गए तो पता चला कि कितने ही शरीफ़ नागरिक वहां ऐसे बंद हैं और वर्षों से बंद है जो कभी भिखारी थे ही नहीं। पुलिस की कृपा से वे वहां लाए गए थे और उनका सामान भी छीन लिया गया था। ऐसी स्थिति में हमारे शासक यदि विदेश न जाएं तो क्या करें ?

सिगरेट महंगी होने के अतिरिक्त मेरी दूसरी परेशानी यह है कि मैं ज़िंदगी में पहली बार मुकद्दमेबाज़ी में उलझा हूं। एक पुलिस-अधिकारी के नाबालिग लड़के ने अपना स्कूटर [जिसमें न तो बत्ती थी और जिस पर पीछे एक लड़का और बैठा था] मेरी कार से भिड़ा दिया जिसे मेरा

सरकारी ड्राइवर चला रहा था। कार को भी चोट आई और उन दोनों बच्चों को भी जिनके पास स्कूटर चलाने का लाइसेंस भी नहीं था। पर चूंकि वे पुलिस-अधिकारी की संतान थे, उनकी रिपोर्ट थाने में तुरंत दर्ज कर ली गई जबकि मेरी रिपोर्ट दर्ज नहीं की गई। यही नहीं, मेरे ख़िलाफ़ जो रिपोर्ट करवाई गई उसमें लिखवाया गया कि कार मेरी पत्नी चला रही थी। मैं वकील से मिला और उसने सारी चीज़ें मद्देनज़र रखते हुए मेरी पत्नी को अदालत से "अग्रिम जमानत" दिलवाई। इसके बाद मेरे पास कई लाख रुपए देने के लिए नोटिस आया जिसमें बताया गया था कि इतना खर्च चिकित्सा में आया, इतना नुकसान इस कारण हुआ कि बच्चों को इस साल परीक्षा में बैठना कठिन होगा और काफ़ी रक़म इस मुद्दे को लेकर मांगी गई कि यदि ये बच्चे विकलांग हो गए तो इनकी शादी ठीक जगह नहीं होगी। मैंने नोटिस इंश्योरेंस-कंपनी को दे दिया जिनका वकील केस लड़ेगा। दूसरा मुकद्दमा वह है जो मैं सरकार के ख़िलाफ़ दर्ज करने जा रहा हूं क्योंकि मेरे [और मेरे वकील के] विचार में मेरे सरकार पर मात्र पचास हजार रुपए निकलते हैं जो सरकार शायद इस कारण नहीं देना चाहती क्योंकि यह तो "नान-प्लान एक्सपैंडिचर" है। मैं इस मुकद्दमेबाज़ी से बड़ा परेशान हूं। बकौल 'अकबर' के स्थिति यह होगी कि "दिन वकीलों का, रात आशिक की।" वैसे भी कचहरी के माहौल से ही मैं डरता हूं। अदालतों की जो शानदार हालत है वह हम सभी जानते हैं और संतोष का विषय यह है कि यह स्थिति हमेशा ऐसी ही थी। संस्कृत के एक प्राचीन श्लोक के अनुसार "कचहरी एक समुद्र है। चिंतामग्न मंत्री लोग जल हैं, दूतगण लहर हैं, चारों ओर रहनेवाले चर [यानी कि गुप्तचर विभाग] घड़ियाल हैं, पिशुन लोग बगुले हैं और मुंशी लोग ज़हरीले सांप हैं।" मैं सबसे ज़्यादा गवाहों से डरता हूं जिनका कि ज़िक्र इस श्लोक में दुर्भाग्य से नहीं किया गया। मेरे गांव में मेरी ही जाति के एक रत्न थे जिनका कि पेशा ही गवाही देना था। वे हमेशा मोटे- ताज़े रहते थे। इस परमानंददायक स्थिति का कारण यह था कि यदि उनकी

गवाही के कारण लोग मुकद्दमा जीत जाते थे तो वे उन्हें मिठाई और कचौड़ी पेट भरकर खिलाते थे और यदि कहीं उनकी गवाही के कारण या उसके बावजूद, लोग मुकद्दमा हार जाते थे तो वे उनकी वह मरम्मत करते थे कि उनके शरीर पर सूजन आ जाती थी। उनको सूजन आती थी और उस सूजन को देखकर मुझे 'साकिब' का नीचे लिखा शेर याद आता था :

पेट है फूला हुआ क्यों शेख़ साहब इस तरह
खा के आए हैं कहीं से पेट भर कर जूतियाँ ?

प्रेमचंद और प्रसाद : कुछ रोचक प्रसंग

[एक]

जयशंकर प्रसाद खाने-पीने व व्यायाम के संदर्भ में महाप्राण निराला के विचारों से सहमत थे। अस्वस्थ व रोगी व्यक्तियों को देखकर वे कातर हो उठते थे और कहा करते थे कि ये बेचारे न तो सुख ही भोग सकते हैं और न दुख को ही सहन कर सकते हैं। प्रसाद जी प्रातः सवा सेर धारोष्ण गाय का दूध पीते थे, इसके बाद एक हज़ार सपाटे और पांच सौ बैठक लगाते थे और फिर वे अखाड़ा जाते थे जहां अठारह-बीस जोड़ कुश्ती के करते थे। उसके बाद एक पाव बादाम की गिरी, एक पाव घी और ढाई सेर दूध का हरीरा पीते थे। दिन में दो फुल्के, थोड़ा चावल और पाव-भर घी में चार-छह चम्मच दाल और थोड़ी-सी सादी बिना मिर्च-मसाले की तरकारी ग्रहण करते थे। तीसरे पहर चार सेर बेदाने का रस निकालकर उसके उसके साथ कुछ पिश्ते, किशमिश और चिलगोजे खाते थे। संध्या समय एक हज़ार हाथ मुग्दर भांजते थे और उसके बाद डेढ़ पाव बादाम की गिरी की ठंडाई पीते थे। रात को ज़्यादा नहीं खाते थे, सिर्फ़ चौदह पूरियां, एक सेर मलाई और सोते समय ढाई सेर दुग्ध लेते थे।

[रत्नशंकर प्रसाद]

[दो]

उन दिनों अधिकांश कुलांगनाओं की मनोवृत्ति यह थी कि यदि उन्हें पति का पूर्ण प्रेम प्राप्त होता था तो उनमें पति की रक्षिता के प्रति सौतिया डाह नहीं होता था। उनके पति-प्रेम में आराध्य भाव ही रहता था और इस प्रकार के संबंधों में उनका दृष्टिकोण यह रहता था कि यदि हमारे पति का अनुराग अक्षुण्ण है तो उनकी मौज में हमें भी सुख ही है। यही अनुकूल परिस्थिति प्रसाद जी के अंतःपुर में थी। उनकी प्रेयसी के लिए उनकी ज़नानी ड्योढ़ी का द्वार सदा उन्मुक्त रहा।

[रायकृष्ण दास]

[तीन]

प्रसाद जी यद्यपि गंभीर स्वभाव के व्यक्ति थे पर उनमें विनोद की मात्रा भी कम नहीं थी। उनके एक सुपरिचित साहित्यकार ने एक दिन उनसे पूछा कि "मुझे चर्चित होने का कोई गुर बताइए।" प्रसाद जी ने मज़ाक में कहा कि "यह तो बड़ा सरल काम है; आप कल से ही मेरे ख़िलाफ़ लिखना शुरू कर दीजिए, लोग आपकी चर्चा स्वयं करने लगेंगे।" उस भोले मित्र ने वही किया और थोड़े ही दिनों में वे चर्चित हो गए।

[रत्नशंकर प्रसाद]

[चार]

प्रेमचंद और प्रसाद जी एक-दूसरे को जानते तो थे पर तब तक उनकी आपस में भेंट नहीं हुई थी। एक बार ऐसा हुआ कि दोनों ही एक डाक्टर के शफ़ाखाने में बैठे थे। डाक्टर साहब ने मुंशी प्रेमचंद से कहा कि क्या आप इन्हें पहिचानते नहीं? मुंशी प्रेमचंद ने एक शेर पढ़ा :

काबा में, कलीसा में, बुतखाने में या दिल में
है होश मुझे इतना कि तुमको कहीं देखा है

प्रसाद जी ने तुरंत उत्तर दिया :

इस कक्ष में प्रवेश करने के साथ ही
परिचित से जाने कब के
तुम लगे उसी क्षण हमको

डाक्टर ने एक-दूसरे का परिचय कराया और दोनों महान विभूतियां एक-दूसरे के गले लग गईं।

[डॉ० राजेन्द्रनारायण शर्मा]

[पांच]

मुंशी प्रेमचंद 'हंस' निकाल रहे थे। एक विशेषांक निकलना था पर व्यस्तता के कारण वायदा करने पर भी प्रसाद जी अपनी कहानी प्रेमचंद को नहीं दे पाए। एक दिन मुंशी जी यह तय करके प्रसाद जी के घर गए कि 'हाँ' या 'ना' का फैसला करके ही लौटेंगे। घर पहुंचकर देखा कि प्रसाद जी नंगे बदन हैं और तेल की मालिश करवा रहे हैं। उनकी यह छवि देखकर प्रेमचंद ने तनिक मुस्कुराकर कहा कि "इस वक्त तो आप सचमुच बनारसी गुंडे लग रहे हो, ऐसे में मैं आपसे रचना क्या मांगूंगा ?" मुंशी जी वापिस चले गए पर प्रसाद जी को अपने प्रमाद पर खेद हुआ। उन्होंने उसी शाम एक श्रेष्ठ कहानी लिखी और प्रेमचंद को दी। कहानी का शीर्षक था 'गुंडा'।

[गोपाल गुर्जर]

[छह]

उन दिनों बनारस में एक गुंडा था जिसके नाम से चौक और दालमंडी वगैरा महल्ले कांपते थे। गुंडे का नाम था अली शेख़। वह जब कभी पैसे की ज़रूरत में होता तो बड़े-बड़े लोगों के सीने पर छुरा तान देता और मुंहमांगी रकम लेकर ही वहां से लौटता। किस्मत का मारा वह एक दिन प्रसाद जी की दुकान पर आ पहुंचा। उसने छुरा चारपाई में खोंसा और जेब में से कुछ गिन्नियां निकाल कर प्रसाद जी से बोला कि 'साव कुछ

लऽऽ या कुछ दऽऽ ।'' प्रसाद जी ने चारपाई पर बैठे-बैठे उसकी कलाई मोड़ना शुरू की । थोड़ी देर बाद दबाव इतना बढ़ गया कि अली शेख़ रोने लगा । उसने माफ़ी मांगी और उसके गिड़गिड़ाने पर प्रसाद जी ने उसे मुक्ति दी और कहा कि ''ए ही बूते पर गुंडई करत हउवा । आपन गिन्नी उठावऽ अउर ईहां से भाग जा । अब कब्बों एहर क मुंह मत करिहऽ ।'' अली शेख़ भाग गया और फिर कभी उधर नहीं आया ।

[गोपाल गुर्जर]

[सात]

एक दिन मुंशी जी 'प्रताप' के दफ़्तर में आए । 'नवीन' जी उन दिनों 'प्रताप' के संपादक थे । उनके एक उपसंपादक कुछ विवादी मनोभावना के व्यक्ति थे । बातचीत में हिंदू-मुस्लिम प्रश्न भी उठ आया । वे उपसंपादक आवेश में आकर बोले कि ''इस सांप्रदायिकता को रोकने का बस एक ही उपाय है । हमें ईंट का जवाब पत्थर से देना होगा, तभी काम चलेगा : वैसे नहीं ।'' प्रेमचंद सुनते रहे और मुस्कुराते रहे । जब उपसंपादक जी का जोश कुछ कम हुआ तो मुंशी जी बोले कि ''इस समय मुसलमानों का मानस रोगयुक्त है; पागल के साथ हम खुद भी पागल बन जाएं तो कैसे काम चलेगा ?'' उपसंपादक जी बल खाकर पूछ बैठे, ''क्यों साहब, अगर पागल हमारे सामने पेशाब करने लगे तो हम क्या करें ?''

प्रेमचंद ने शांतिपूर्वक कहा, 'ज़रा दूर हटकर खड़े हो जाओ ।''

''और अगर वहां आकर भी वह वही हरकत करे तो ?''

''ज़रा और दूर हट जाओ ।''

मगर वे उपसंपादक थे हुज्जती । इतने पर भी न माने और पूछने लगे कि ''वह अगर वहां भी वही हरकत करने लगे तो ?''

अब मुंशी प्रेमचंद से न रहा गया । वे बोले कि ''अमां, यह कैसे हो सकता है? वह भलामानुस कोई मशक थोड़े ही बांधे है जो यहां-वहां सब जगह मूतता ही जाएगा ।''

[अमृत राय]

प्रियतम गए विदेश ...

जैसा कि मैं प्रायः बताता रहता हूं मैं केंद्रीय सरकार का एक उच्च पदाधिकारी रहा हूं। हालांकि नफ़ीस आफ़रीदी के शब्दों में वैसा लगता नहीं। मुझे पता नहीं कि नफ़ीस ने यह बात मेरी तारीफ़ में कही है या कि निंदा में। बहरहाल, उन्होंने जो कुछ कहा है वह दोनों स्थितियों में ठीक ही कहा है। इस रचना में मैं यह बताना चाहता हूं कि अफ़सर लोग जब दौरे पर बाहर जाते हैं तो उनकी पत्नियां उनके विरह में कैसे व्यवहार करती हैं। अफ़सरों की बात खत्म करने के बाद मैं उन युवतियों के विरह की चर्चा भी करूंगा जिनके पति गरीब हैं, मज़दूर हैं और जो रोज़ी-रोटी के लिए अपना गांव छोड़कर बाहर जाते हैं। मगर इन सब बातों से पहले मैं यह बताना चहूंगा कि अफ़सर नाम का यह जो पक्षी होता है, वह कैसा होता है। इस विषय पर मैं पहले भी काफ़ी लिख चुका हूं। मगर यह एक ऐसा टापिक है जिसकी चर्चा कभी पूर्ण नहीं होती। हरि अनंत, हरिकथा अनंता।

एक योग्य अफ़सर की पहली पहिचान यह होती है कि वह हमेशा बंद रहता है। उसका कोट बंद रहता है, उसका मुंह बंद रहता है और इन सबके साथ उसका दिमाग भी प्रायः बंद ही रहता है। वह बढ़िया से बढ़िया मज़ाक पर भी कभी नहीं हंसता। उसको खोलने के लिए बड़े परिश्रम और प्रतीक्षा की ज़रूरत है। जैसा कि उर्दू के एक मशहूर शायर ने कहा है, स्थिति यह है कि "पिन खुली, टाई खुली, कालर खुला, बकल खुला : खुलते खुलते डेढ़ घंटे में

कहीं अफ़सर खुला ।" आप बिना पहले समय लिए उससे कभी नहीं मिल सकते और चाहे घर हो या दफ़्तर, समय पूर्वनिश्चित करने के बाद भी आपको काफ़ी प्रतीक्षा करनी ही पड़ती है । जितना बड़ा अफ़सर होता है, उतनी ही ज़्यादा प्रतीक्षा करनी पड़ती है । यदि आप उससे कोई प्रार्थना या निवेदन करते हैं तो वह कभी निश्चित उत्तर नहीं देता । वह मात्र यही कहता है कि मैं मामले को देखूंगा, मैं आपकी बात को ध्यान में रखूंगा और जो भी संभव होगा वह करूंगा । अगर कोई बात ऐसी होती है जिसके लिए उसे कुछ दक्षिणा चाहिए तो वह आपको सलाह देता है कि आप उसके प्राइवेट सेक्रेटरी या हैड क्लर्क या पेशकार से निकट संपर्क स्थापित करें । आप अगर हिंदी में बात करते हैं तो वह आपसे अंग्रेज़ी में बात करता है और यदि आप अंग्रेज़ी में बात करते हैं तो वह हिंदी में उसका उत्तर देता है । उसकी आचार-संहिता उसे ऐसा ही व्यवहार करने को कहती है । गंभीर और संकोची होने के बावजूद कोई भी अफ़सर अपनी स्टैनोग्राफ़र से कुछ नहीं छिपाता । बाकी बात आप खुद ही समझ लीजिए । स्टैनोग्राफ़र तो काफ़ी पहले ही समझ गई थी ।

अफ़सर नाम का यह पक्षी हमेशा काम से दबा रहता है । हालांकि स्थिति यह है कि अत्यंत व्यस्त दीखनेवाले काफ़ी अधिकारी कभी कोई काम नहीं करते । उनका विचार है कि यदि बड़े अफ़सर सारे काम खुद ही देखना शुरू कर देंगे तो नीचेवाला सरकारी अमला काम करना बंद कर देगा । वह देसी शराब भी स्काच व्हिस्की की बोतल में रखकर पीता है ताकि उसका सादा जीवन उसके रुतबे को कम न कर दे । अपने नीचे काम करनेवालों के लिए वह 'महिषासुर' होता है । मगर अपने ऊपरवालों के लिए वह मात्र 'महिषी' ही रहता है जो दूध भी "देती है" और घी भी । मौसम के मुताबिक वह दौरे पर रहता है जिसका सारा ख़र्चा नीचे काम करनेवाले कर्मचारी वहन करते हैं । जहां भी वह जाता है, वहीं से वह ऐसा सामान

भेंट के रूप में अपने साथ लाता है जिसके लिए वह स्थान प्रसिद्ध होता है। मेरे एक अफ़सर थे जो मुरादाबाद, बरेली और लखनऊ से नक्काशीदार बर्तन, फ़र्नीचर व दशहरी आम लाया करते थे। इस दिशा में वे इतने ईमानदार थे कि जब वे फ़र्रूखाबाद और फ़ीरोजाबाद गए तो चूड़ियां और लिहाफ़ ही लेते आए। आला अफ़सरों के इस व्यवहार से स्थानीय कला को प्रोत्साहन मिलता है जोकि देश के हित में ही है। देश की प्रगति पर यदि हमारे बड़े अफ़सर ही ध्यान नहीं देंगे तो और कौन देगा ?

जैसे पुराने ज़माने में कुछ राजा, सामंत और बादशाह [जैसे जूलियस सीज़र, जेम्स प्रथम, भर्तृहरि, शूद्रक, अब्दुर्रहीम ख़ानख़ाना, फ्रांसिस बेकन और बाबर] साहित्यकार होते थे, ठीक उसी प्रकार आजकल काफ़ी मंत्री लोग भी साहित्यकार होते जा रहे हैं। जनता पार्टी के शासनकाल में एक मंत्री जी रातोरात उपन्यासकार हो गए थे और एक और मंत्री कविता लिखने लगे थे। ऐसे मंत्रियों के नीचे काम करनेवाले लोग 'राजकवि' का दर्जा प्राप्त करने के लिए किताबें लिखने लगते हैं। फिलहाल एक मंत्रालय है जिसमें मंत्री और सचिव दोनों कवि हैं। प्रेमचंद ने 'दो बैलों की कथा' लिखी थी; मैं भी उसी तर्ज में 'दो गधों की कथा' लिखूंगा।

अफ़सर लोग जैसे ही दौरे पर जाते हैं वैसे ही उनकी पत्नियाँ सच्चे अर्थों में मेम साहिब हो जाती हैं। वे पिकनिक पर निकलती हैं, स्टाफ कार में शॉपिंग के लिए जाती हैं और अपने प्रेमियों से मिलती हैं। रातें क्लबों में गुज़ारी जाती हैं और दिन होटलों में। प्रेमचंद की अमर कथा 'शतरंज के खिलाड़ी' में भी एक नवाब की बीवी [जिसका नाम सत्यजीत रे के अनुसार फ़रीदा जलाल था] अपने पति के घर से बाहर रहने पर ही ज़्यादा प्रसन्न रहती थी। मैं तो कभी-कभी गंभीरता से सोचता हूं कि कालिदास का यक्ष शायद बेवकूफ़ था जो सोचता था कि उसकी यक्षिणी उसके विरह में दुखी थी।

पत्नियों की ग़ैरहाज़िरी में अधिकारियों के सारे अधिकारों का प्रयोग उनकी पत्नियां ही तो करती हैं और इसी कारण मैं तो यह कभी भी नहीं स्वीकार कर सकता कि अफ़सरों के दौरे पर जाने से उनकी धर्मपत्नियां वास्तव में दुखी होती हैं। अपवाद हमेशा होते आए हैं और हमेशा होते रहेंगे।

बड़े लोगों की बात तो काफ़ी कर ली। अब आइए, उन ग़रीब मज़दूरों और कुलियों की बातें करें जोकि पूर्वी उत्तरप्रदेश [जहां जयप्रकाश नारायण व चंद्रशेखर के अतिरिक्त और कुछ नहीं पैदा होता] और बिहार से रेल की छत पर बैठकर पंजाब में फ़स्ल काटने जाते हैं या जो फुटपाथ पर भीगने के लिए बंबई पहुंचते हैं। पता नहीं क्यों, उनकी पत्नियां हमेशा से विरह में दुखी ही रहती आईं। रेलिया न बैरी, जहजवा न बैरी, बैरी है पेटवा हमार। सारा वक्त तुलसी की पूजा, एकादशी व संतोषी माता के व्रत, सत्तू और बाबा तुलसीदास की चौपाइयों के साथ ही गुज़रता है पर विरह है कि फिर भी पीछा नहीं छोड़ता। पति की ग़ैरहाज़िरी में गांव का साहूकार व ज़मींदार [और इन दोनों के लड़के] जो छेड़खानी करते हैं, वह अलग। इसी सारी स्थिति को ध्यान में रखकर एक युवती ने विदेश जाते समय अपने पति से कहा था कि तुम मुझे अपनी जेब में रखकर अपने साथ ही क्यों नहीं ले जाते ?

ग़रीबों की पत्नियां तो विरह में सदा से जलती आईं। वर्षों पहले शरद् देवड़ा ने राजस्थानी युवतियों के विरह की चर्चा करते हुए कहा था कि ऋतु कोई भी हो, अकेली पत्नी तो दुखी ही रहती है। वर्षा की ऋतु में घने-घने मेघों की छांव में सुरंगे पंखों का चंदोबा तानकर मोर जो है वह रात-भर झूम-झूमकर नाचता है। मगर वह पत्नी कैसे नाचे जिसका कि पति चाकरी करने विदेश गया है ? शरद् ऋतु में कबूतरों के जोड़े रात-रात-भर साथ रहते हैं और मिलन गीत गाते हैं। पर वे युवतियां क्या करें जो अकेली होने के कारण रज़ाई में भी ठंड से

सिकुड़ती हैं ? गर्मियों की ऋतु में तो कवि साफ़-साफ़ कहता है कि अरी ओ धूप, तू मंद पड़ जा। गोरी की देह बड़ी नाज़ुक है और प्रियतम के विरह में तो वह और भी दुर्बल हो गई है। उस पर तरस खा और ऐ धूप, तू बादलों के पीछे छिप जा; वर्ना नायिका की ख़ैर नहीं।

विरह के संदर्भ में मध्यप्रदेश के लोकगीत भी बड़े मार्मिक हैं। कवि कहता है कि बारह मास गुज़र गए पर परदेस गया पति लौटकर नहीं आया। टूटे छप्पर के नीचे पड़ी खटिया भीगती रही और विरहिणी पत्नी अपने पति की याद में ख़ुद को भिगोती रही। जिन युवतियों के पति विदेश नहीं गए थे वे टपकते हुए घर में भी अपने प्रिय की बांह को तकिया बनाकर सुख की नींद सोती रहीं। टूटि टाट पर टपकंत खटियो टूटि, पिय के बांह उसिसवा सुख कै लूटि। एक विरहिणी तो ऐसी परेशानी में पड़ी कि कुछ कहा ही नहीं जा सकता। एक ओर तो पति बाहर रहा और दूसरी ओर उसकी ननद उसे यह कहकर चिढ़ाती रही कि "ओ भाभी, तुम्हारे स्तन रस से भरी गेंद जैसे हैं। इन्हें बचाकर रखना; कहीं कोई छैला इनसे टकरा न जावे।" विरह का दुख अपार है। फूटी सुपारी जुड़त नइयां, दोई नैना बिछुड़ गए मिलत नइयां। एक विरहिणी युवती तो इतनी दुबली हो गई थी कि उसकी सखियां उसे घेरे रहती थीं ताकि वह कहीं अपनी सांस की हवा में ही न उड़ जाए। इन गीतों में जो अतिशयोक्ति है उनसे कहीं-कहीं हास्य की सृष्टि होती है पर हमें हमेशा यह याद रखना है कि अंत में चलकर रस केवल एक ही बचता है। एको रसः करुणमेव। मीर तकी 'मीर' और भवभूति ग़लत नहीं हो सकते।

प्रियतम के 'बिदेस' चले जाने पर ग़रीबों की पत्नियां जो गीत गाती हैं उसे 'बिदेसिया' कहना स्वाभाविक ही है। बिहार का एक बिदेसिया इस प्रकार है :

गौना कराइ सैंया घरे बइठलवे से
अपने गइले परदेस रे बिदेसिया :

चढ़ती जवनियां बैरिन भइली हमरी से
केई मोरा हरिहैं कलेस रे बिदेसिया :
अयकि के चढ़ीं रामा अपना अटरिया से
चारू ओर चितई चिहाई रे बिदेसिया :
कतहूं ना देखी रामा सैंया के सुरतिया से
जियरा गइल मुरझाई रे बिदेसिया ●

विक्टोरिया चली गई ...

मैं यदा-कदा पत्र-पत्रिकाओं में छपे पाठकों के पत्र पढ़ता रहता हूं। कभी-कभी ये पत्र संपादकीय अग्रलेखों से भी ज़्यादा दिलचस्प और जानकारीपूर्ण होते हैं। अभी-अभी हमारे उपप्रधानमंत्री हरियाणा गए तो उन्हें सोने का मुकुट पहनाया गया और हीरे-जवाहरात जड़ी तलवार भी भेंट की गई। इतना ही नहीं, जनता ने उन्हें कई लाख रुपयों से भरा बटुआ भी समर्पित किया। इस ख़बर को पढ़कर कुछ पाठकों को बिना बात ईर्ष्या हुई और उन्होंने या तो यह कहा कि गांधी जी को इंग्लैंड के सम्राट ने जब भोजन पर बुलाया था तो गांधी जी सदा की तरह अधनंगे ही बकिंघम पैलेस गए थे क्योंकि वे सदा उतने ही वस्त्र पहनते थे जितने कि एक आम भारतीय ग्रामीण पहनता था, या कुछ पाठकों ने यह प्रश्न उठाया कि उपप्रधानमंत्री को भेंट की गई संपत्ति आख़िर आई तो कहां से आई ? इस प्रकार के सिरफिरे पाठक सदा से होते आए और मैं आशा करता हूं कि इस प्रकार की आलोचनाओं का हमारे नेताओं पर कोई स्थायी प्रभाव नहीं पड़ेगा। जनता के स्नेह और श्रद्धा को नकारना देश के साथ विश्वासघात करना होगा। मैं तो यह प्रश्न करना चाहता हूं कि हमारे संपादक ऐसे पत्र छापते ही क्यों हैं ?

प्रत्येक मंत्री जनता का प्रतिनिधि और उसका सेवक होता है और इस कारण यह स्वाभाविक ही है कि उसके कुछ आत्मीय भक्त-अनुचर उसके साथ राजधानी में रहें ताकि जनता की सेवा करने में माननीय मंत्री

जी को कोई देर न लगे। केंद्रीय सरकार के एक राज्यमंत्री के एक साथी ने वैसा ही करना चाहा पर नौकरशाही के कारण उसे परेशानी उठानी पड़ी। इन सज्जन ने मंत्री जी के व्यक्तिगत सहायक की पैड में से एक पेज हटाया और उस पर देश के राष्ट्रपति को एक पत्र लिखा। राष्ट्रपति के दफ़्तर में कुछ बहुत ऊंचे अधिकारियों ने मंत्री जी से पूछताछ की कि ऐसी दुर्घटना हुई तो कैसे हुई। बेचारे मंत्री जी को अपने उस भक्त-अनुचर के कारण गहरे मानसिक तनाव से गुजरना पड़ा। बात भी ठीक है; यदि हम प्रजातंत्र में ऐसा नहीं कर सकते तो क्या राजतंत्र में करेंगे ? आख़िरकार यह भक्त-अनुचर उस देशभक्त से तो कहीं ज़्यादा अच्छा था जिसने कि चंड़ीगढ़ में अपने को संसत्सदस्य बताकर न जाने कितना रुपया भोली जनता से लूटा और जिसकी गिरफ़्तारी के लिए पुलिस हर संभव प्रयास कर रही है। आप ही बताइए कि क्या मैं ग़लत कह रहा हूं ?

भारत के स्वास्थ्य मंत्री को पता नहीं क्यों एक दिन यह सूझा कि राजधानी के मानसिक रोगों के अस्पताल का अचानक मुआयना किया जाए। उन्होंने देखा कि अस्पताल मलमूत्र की सुगंधित बदबू से भरा है, बरामदों में कचरे के ढेर पड़े हैं, रोगियों के वस्त्र व बिस्तर फटी हुई हालत में हैं और मरीज़ ऐसी बदतर हालत में हैं कि कुछ कहा ही नहीं जा सकता। एक पढ़ी-लिखी युवती ऐसे कमरे में पिछले कई वर्षों से अकेली बंद है और उसकी हालत इतनी दर्दनाक है कि मंत्री जी को विवश होकर यह कहना पड़ा कि "यह सब क्या है ? मैं एक पागलखाने को देख रहा हूं या कि किसी जेल को ?" जेल की बात क्या चली, मुझे एक घटना याद आ गई। मध्यप्रदेश का एक नागरिक धोखाधड़ी के अपराध में कोई पंद्रह वर्ष पहले गिरफ़्तार हुआ था। वह अभियुक्त भी था और उसका नाम गवाहों की सूची में भी शामिल था। अदालत ने अभियुक्त को बरी कर दिया और उसने पुलिस की इस बात को लेकर भर्त्सना भी की कि पिछले पंद्रह वर्षों में वह तेरह गवाहों को

अदालत में पेश नहीं कर सकी । जज साहब के शब्दों में सरकारी धन का और सरकारी समय का इतना बड़ा दुरुपयोग उन्होंने इससे पहले कभी नहीं देखा था ।

भारत सरकार के एक मंत्री महोदय ने कहा है कि राजीव गांधी और चंद्रशेखर के बीच जो रिश्ता है वह ठीक पति-पत्नी की भांति सुदृढ़ और पवित्र है और इस कारण वर्तमान सरकार के गिरने का प्रश्न ही नहीं उठता । मंत्री महोदय ने यह नहीं खुलासा किया कि इन दोनों दिग्गजों में पति कौन है और पत्नी कौन । उन्होंने यह भी नहीं बताया कि इस ऐतिहासिक दंपति के संतान कब होगी । चंद्रशेखर हालांकि देश के प्रधानमंत्री हैं पर फिर भी हड़ताल पर गए कुछ कर्तव्यपरायण कर्मचारियों ने एक दिन उनके बंगले का पानी काट दिया । इसे कहते हैं सच्चा प्रजातंत्र और सच्चा समाजवाद । आज के अख़बार में कार्टून छपा है कि यदि प्रधानमंत्री बनना है तो हजामत करना बंद कर दो । मेरा निजी विचार यह है कि जैसे सैमसन की महान शक्ति उसके सिर के बालों में निहित थी, उसी प्रकार चंद्रशेखर जी की सच्ची श़क्ति उनकी दाढ़ी में छिपी है । मुझ पर विश्वास कीजिए और दाढ़ी बढ़ाइए । यदि मैं गिरिधर कविराय या अटल बिहारी वाजपेयी होता तो दाढ़ी पर कम से कम एक कुंडली तो अवश्य ही लिखता । दाढ़ी के गुण बहुत हैं, सदा राखिए संग ···

वर्ष बीत गया । हम सभी एक वर्ष और वृद्ध हो गए । कालो न यातो वयमेव याताः । वर्ष बीतने का मुझे कोई विशेष दुख नहीं है । हां, अलबत्ता इस बात का मुझे अवश्य हार्दिक दुख है कि बंबई नगर में चलनेवाली बग्घी विक्टोरिया बंद हो गई है या बंद होने जा रही है । यह सवारी महारानी विक्टोरिया के नाम पर थी—ठीक उसी भांति जैसे कि बंबई का सर्वश्रेष्ठ रेलवे स्टेशन विक्टोरिया टर्मिनस उनके नाम पर है । विक्टोरिया [मुराद बग्घी से है, महारानी से नहीं] एक आरामदेह और शानदार सवारी थी । इसमें आगे एक घोड़ा जोता जाता था और बीच में

दो पहिए लगे होते थे। जैसे-जैसे घोड़े की गति बढ़ती जाती थी, उसी प्रकार पहिए भी तेंजी से आगे बढ़ते जाते थे। मैं सन् 1953 में युनिवर्सिटी से बंबई में हो रही एक जनसंख्या-कांफ्रेंस में भाग लेने गया था जिसका उद्घाटन भारत के उपराष्ट्रपति डॉ. राधाकृष्णन् करनेवाले थे। मैं विक्टोरिया में पहली और आख़िरी बार तभी बैठा था। उसके बाद कई बार बंबई गया मगर विक्टोरिया में नहीं बैठ पाया। उसके स्थान पर या तो सरकारी स्टाफ़कार आई या फिर टैक्सी ली।

विक्टोरिया नाम की यह शानदार बग्घी बंबई नगर में पिछले कोई सौ वर्ष से चली आ रही थी। दादाभाई नौरोजी व सर फ़ीरोज़शाह मेहता अपनी निजी विक्टोरिया रखते थे। धीरे-धीरे ट्राम, बस और बिजली से चलनेवाली उपनगर रेलवे ट्रेन आ गई और इन सबने विक्टोरिया को दबा दिया। विक्टोरिया अब शेष वाहनों की अपेक्षा महंगी बैठती है। जो लाल बत्तीवाला क्षेत्र है, वहां अभी भी विक्टोरिया का चलन है। जब अरब के अमीर आते हैं तो वे भी विक्टोरिया में बैठते हैं। अकेले मैरीन ड्राइव का चक्कर लगाने के लिए आपको पचास या सौ रुपए देने पड़ेंगे। अब बंबई में मात्र छियासी विक्टोरिया शेष बची हैं जबकि पांच वर्ष पूर्व उनकी संख्या साढ़े तीन हजार थी। इसका आविष्कार मि. दैबर ने किया था जिनके बारे में कोई भी कुछ नहीं जानता। अब विक्टोरिया रखना एक झंझट का धंधा है, उसमें पीतल का लैंप लगाना पड़ता है, अंदर चमड़ा बदलना पड़ता है और भाड़े के लिए ग्राहक से हुज्जत करनी पड़ती है। अस्तबल का ख़र्चा अब बहुत बढ़ गया है, लाइसेंस लेने में दिक्कत होती है और घोड़े की डाक्टरी जांच जो करवानी पड़ती है सो अलग। सौ रुपया ''पहिया-टैक्स'' देना पड़ता है और चालान हो जाने पर जो होता है, उसको शब्दों में बताना कठिन है। ये ही वे कारण हैं जिनकी वजह से विक्टोरिया सड़कों पर से हमेशा के लिए चली गई ···

वर्ष बीत गया। विक्टोरिया चली गई। ये जो दवाइयों में मिलावट करते हैं, अन्न व तेल का स्टॉक बनाते हैं, शहरों और क़स्बों में

सांप्रदायिक दंगे करवाते हैं, शरीफ़ आदमियों को तंग करते हैं और बदमाशों को बचाते हैं, कोठों पर बिठाने के लिए ग़रीब लड़कियों को भगाते हैं और रिश्वत लेते हैं, ये भी एक दिन चले जाएंगे। इस निबंध की भांति सबकुछ समाप्त हो जाएगा। इसी सत्य को ध्यान में रखते हुए कवि कालिदास ने कहा था कि "ओ सुंदर युवतियो, मान छोड़ो, झगड़े बंद करो, यह छबीली यौवन की आयु एक बार जाकर फिर नहीं आएगी। कोयलों ने भी यही निवेदन बार-बार किया और इस सबके फलस्वरूप सुंदर रमणियों ने काम देवता के सामने आत्मसमर्पण कर ही दिया।" जो लोग कालिदास की वाणी में विश्वास नहीं रखते; उनका इलाज भर्तृहरि के 'वैराग्य शतक' में इस प्रकार बताया गया :

सा रम्या नगरी, महान् सः नृपतिः, सामन्तचक्रं च तत्
पार्श्वे तस्य च सा विदग्धपरिषद्, ताः चंद्रबिंबाननाः
उद्रिक्तः स च राजपुत्रनिवहः, ते वन्दिनः, ताः कथाः
सर्वं यस्य प्रसादगाः स्मृतिपथम्, कालाय तस्मै नमः ●

मैं जेल जाना चाहता हूँ ...

मैं जेल जाना चाहता हूं। इसके अतिरिक्त इन दिनों मेरी और कोई इच्छा नहीं है। आज़ादी से पहले बड़े-बड़े लोग जेल जाते थे और बाद में सरकार बनाते थे। इसके बरख़िलाफ़ आजकल स्थिति यह है कि लोग पहले सरकार बनाते हैं और फिर ऐसे-ऐसे कार्य संपन्न करते हैं कि वे आसानी से जेल जा सकें। अनेक राजनीतिक पार्टियों ने भयंकर अपराधियों को टिकट दिए और वे अपराधी विधानसभाओं में चले गए। मध्यावधि चुनावों में फिर वही किया जा रहा है। ऐसी स्थिति में मेरे-जैसे देशभक्त के लिए यह स्वाभाविक ही है कि मेरे मन में जेल जाने की इच्छा जागृत हो। भगवान् मेरी सहायता करे। भगवान् यदि सहायता नहीं करता तो फिर इस देश की पुलिस ही मुझ पर ध्यान दे। पुलिस में जितने अपराधी नियुक्त हैं उतने तो राजनीतिक क्षेत्र में भी नहीं हैं। यदि पुलिस भी मेरी मदद नहीं करेगी तो और कौन करेगा ? चिड़ीमार को यदि चिड़ीमार नहीं पहिचानेगा तो और कौन पहिचानेगा ?

जेल से फ़रार होना एक बहुत बड़ी कला है। डेनमार्क के एक व्यक्ति ने अपने एक मित्र को हिप्नोटाइज़ करके उससे एक धनी व्यक्ति की हत्या करवाई थी जिस संदर्भ में उसे जेल जाना पड़ा था। मगर वह ज़्यादा दिनों जेल में नहीं रह पाया; उसने जेल के दो पहरेदारों को हिप्नोटाइज़ किया और जेल से निकल भागा। मैक्सिको की एक जेल से भी एक भयंकर अपराधी भाग निकला था और वह भी तब जबकि उसकी कोठरी पर बराबर पहरा रहता था। उसके फ़रार होने के बाद

उसके कमरे की जांच की गई। कमरे में कुछ नहीं मिला। हां, अलबत्ता जब कमरे में टंगी हुई एक बड़ी पेंटिंग उतारी गई तो उसके पीछे एक सुरंग का रास्ता खुला था। यह पेंटिंग क़ैदी ने जेल में ही बनाई थी। यूनान में एक बाईस वर्ष के क़ैदी को एक दीवार बनाने के काम पर लगाया गया। उसने दीवार इतनी ऊंची बनाई कि वह उसकी सहायता से जेल के बाहर कूद गया। ब्राज़िल की जेल में तो एक दिन ऐसा दिलचस्प कांड हुआ कि सरकार ही हिल गई। हुआ यह कि एक सुबह यह देखा गया कि जेल के सारे क़ैदी जेल से निकल भागे थे। कारण बहुत छोटा-सा था; जेल के अधीक्षक को किसी कारण अचानक बर्खास्त कर दिया गया था और उसने रात को जेल के सारे दरवाज़े खुले छोड़ दिए थे। अमेरिका की टेनिसी जेल से चार भयंकर क़ैदी एक गुब्बारे की सहायता से निकल भागे थे हालांकि यह पता कभी नहीं लग सका कि गुब्बारा बनाने के लिए तीस गज़ कपड़ा और उसे फुलाने के लिए इतनी आक्सीजन क़ैदियों को कैसे मिली। टैक्सास जेल के एक क़ैदी ने एक दिन जेल के रजिस्टर में कुछ ऐसा संशोधन किया कि वह निश्चित समय से दो वर्ष पूर्व ही जेल से छोड़ दिया गया। बेल्जियम की जेल में एक क़ैदी ऐसा था जोकि मोटर-मिकेनिक था। एक दिन जेलों के इंसपेक्टर-जनरल जब निरीक्षण के लिए जेल आए तो उनकी शानदार मोटर बिगड़ गई। जेलर ने उस मिकेनिक को बुलाया और उसे गाड़ी दिखाई। मिकेनिक ने तीन घंटों में मोटर ठीक कर दी और फिर वह सबकी आज्ञा प्राप्त करके उसे ट्रॉयल करने के लिए ऐसा ले गया कि फिर कभी नहीं लौटा। थोड़े दिनों बाद जेलर के पास एक पार्सल आया जिसमें वे कपड़े लौटाए गए थे जो जेल में पहिनाए जाते थे और जिनकी उस भूतपूर्व क़ैदी को अब कोई ज़रूरत नहीं थी। क़ैदी वैसे सज्जन व्यक्ति था; उसने साथ में उस व्यक्ति का पूरा पता भेजा था जिसे उसने मोटर बेच दी थी और उससे प्राप्त रुपयों से देश छोड़ा था। ऑस्कर वाइल्ड ने ठीक ही कहा था कि संत व्यक्तियों के पास

केवल उनका भूतकाल ही होता है जबकि प्रत्येक अपराधी के पास एक अदद भविष्य होता है जो उन्हें कभी भी सही रास्ते पर ला सकता है। मैं खुद सदा भविष्य के सहारे जीता हूं; भूत के सहारे नहीं। जेलों से फ़रार होने पर कभी-कभी व्यक्ति यशस्वी हो जाता है—ठीक उसी तरह जैसे सर विंस्टन चर्चिल और बाबू जयप्रकाश नारायण हुए थे। मगर जेल से फ़रार होने के लिए पहले यह ज़रूरी है कि आप जेल जाएं। यह प्रथम कारण है जिसके लिए मैं जेल जाना चाहता हूं।

मेरी जेल जाने की जो इच्छा है, उसका एक कारण और भी है। सच्चाई की बात यह है कि यदि आपके पास रिश्वत देने को पैसा हो तो जितने ठाठ की ज़िंदगी आप जेल में गुज़ार सकते हैं, उतनी आप जेल के बाहर नहीं गुज़ार सकते। समस्तीपुर के कारागार में अपराधियों को सप्ताह में तीन बार 'ब्लू फिल्में' दिखाई जाती हैं जो ख़ाकसार ने अभी तक कभी नहीं देखीं। जेलर क़ैदियों को डकैती वगैरा कराने के लिए बीच-बीच में छोड़ते भी रहते हैं और कुल मिलाकर स्थिति यह है कि समस्तीपुर की जेल को आसानी से 'अभयारण्य' कहकर पुकारा जा सकता है। और राजधानी की सर्वप्रसिद्ध तिहाड़ जेल का तो कहना ही क्या—वहां तो स्थिति यह है कि एक जेल कर्मचारी ने जब जेलर साहब को 'महीना' नहीं दिया तो उसे नौकरी से निकाल दिया गया और उस ग़रीब को सुप्रीम कोर्ट तक नहीं बचा पाया। मगर यदि हम ऊपर बताए गए मासिक-धर्म को छोड़ दें तो स्थिति इतनी सुखद है कि यदि आपके पास पैसा है तो आप जेल में किसी भी तरह की असुविधा पा ही नहीं सकते। एक क़ैदी ने तो जेल के भीतर ही नकली पासपोर्ट बनाया और कनाडा जाने की योजना बनाई। चार्ल्स शोभराज तिहाड़ जेल से ही बाइज़्ज़त रिहा हुआ था। नशीली दवाइयां जेल के भीतर इतनी आसानी से मिलती हैं कि कैदियों का सिर जेल के अधिकारियों के सम्मुख स्वयं ही झुक जाता है। लस्सियों के गिलासों में शराब मिलती है। जो

लोग विदेशी मुद्रा संबंधी मुकद्दमों में फंसे होते हैं उनसे तो जेल के अधिकारी ज़मानत मिलने तक पांच लाख से लेकर दस लाख रुपयों तक की रक़म वसूल करते हैं। रिश्वत देने पर अपने रिश्तेदारों से 'मिलाई' कभी भी हो सकती है। क़ैदियों को मिलनेवाली राशन और साबुन वगैरा चीज़ों में भी हेराफेरी की जाती है और यह सारी रक़म जेल के अफ़सरों के पेट में जाती है। जेल के अधिकारी शाही अंदाज़ से रहते हैं और पांच-पांच अर्दली तक उनके बंगले पर चौबीस घंटे हाज़िर रहते हैं। कुल मिलाकर स्थिति यह है कि ठीक राजधानी में [जहां प्रधानमंत्री से लेकर राष्ट्रपति तक रहते हैं] बसी तिहाड़ जेल रिश्वतख़ोरी, अनियमितताओं और भ्रष्टाचार की एक मंडी बन गई है। जो पाठक ज़्यादा जानकारी चाहते हों वे आठ अप्रैल उन्नीस सौ नव्वे का 'संडे हिंदी मेल' पढ़ें। वह दिन दूर नहीं है जबकि रिश्वत देने पर सही आदमी की जगह किसी दूसरे ग़रीब को फांसी दे दी जाए। मुझ पर विश्वास न हो तो आप चार्ल्स डिकिन्स का विश्वप्रसिद्ध उपन्यास 'दो नगरों की कहानी' पढ़ लें।

जेल जाने से आपके 'पुरुषत्व' पर भी कोई प्रभाव नहीं पड़ता। हैदराबाद में स्थित 'नेहरू जूलोजिकल पार्क' में बंदी तोतों ने पहले से ज़्यादा स्वस्थ बच्चों को जन्म दिया। आंध्रप्रदेश के मुख्यमंत्री एक ऐसा कारपोरेशन बनाना चाहते हैं जहां कि क़ैदियों के बनाए सामान को ठीक दामों पर बेचा जा सके और उस आय को क़ैदियों के हित में ही ख़र्च किया जाए। कितना अच्छा हो कि मेरे-जैसा व्यक्ति—जो सारी उम्र सेना सेवाओं के ख़र्चे की चांच-पड़ताल करता रहा—आंध्रप्रदेश की जेल में बंदी बनाकर रखा जाए ताकि यह नया कारपोरेशन भी पुराने कारपोरेशनों की भांति भ्रष्टाचार में न फंस जाए।

सोचता हूं कि जेलों की स्थिति के बारे में प्रधानमंत्री जी को लिखूं। वे पहले सारी राजनीतिक पार्टियों का सम्मेलन बुलाएंगे, फिर सारे मुख्यमंत्रियों से विचार-विमर्श करेंगे और फिर इस काम के लिए एक

कमेटी नियुक्त करेंगे । सबकुछ करने के बाद वे अख़बारनवीसों को बताएंगे कि जेलों का प्रशासन तो राज्य सरकारों के क्षेत्र में आता है, केंद्र सरकार के नहीं । उपप्रधानमंत्री श्री देवीलाल ज़रूर कुछ ठोस कदम उठा सकते हैं पर वे सबसे पहले यह चाहेंगे कि किसानों की जेल अलग हो । दूसरे शब्दों में स्थिति यह होगी कि कोई कुछ नहीं करेगा । जेलों के अधिकारी इसी तरह ऐश करते रहेंगे : कोई भी उनका कुछ नहीं बिगाड़ सकता ।

बहरहाल मैं फिर भी जेल जाना चाहता हूं । क्या अपराध करूं कि कुछ दिनों के लिए जेल के मज़े लिए जा पकें । यदि फ़ौजी शासन होता तब तो यह लेख लिखना ही काफ़ी होता मगर दुर्भाग्य से इस देश में प्रजातंत्र है और मैं सुरक्षित हूं । मध्यप्रदेश के एक संपादक ने जाली नोट बनाए हैं । यदि संपादक वैसा कर सकता है तो लेखक वैसा क्यों नहीं कर सकता ? कलकत्ता में एक बड़ी कलाकार मुख्यमंत्री जी से मिलीं । उनकी प्रार्थना मात्र यह थी कि उनके स्टूडियो के पास एक सार्वजनिक शौचालय बनवा दिया जाए ताकि लोग स्टूडियो की दीवार पर अपनी लघुशंका को बेकार न करें क्योंकि वह दुर्गंध फैलाती है । यदि वैसा करने से जेल में स्थान मिल सके तो मैं उस महिला-कलाकार के स्टूडियो की दीवार को कमज़ोर करने के लिए कलकत्ता जाने को तैयार हूं । आप ही बताइए कि प्रशासन को मुझसे और क्या सहयोग चाहिए ? ●

हमारा प्राचीन साहित्य

अपने प्राचीन साहित्य से मेरा अभिप्राय अपने उस साहित्य से है जोकि प्राचीन है। हमारा प्राचीन साहित्य मुख्यतः संस्कृत में है और उसे वैदिक व लौकिक—इन दो खंडों में विभाजित किया जाता है। संस्कृत के अतिरिक्त और भी भाषाएं हमारे यहां प्रचलित रहीं—जैसे प्राकृत, पालि, ब्राह्मी इत्यादि—मगर उनमें उतना साहित्य नहीं रचा गया। वे जनता की भाषा थीं या फिर स्त्रियों की भाषा थीं। स्त्री को हमेशा जनता ही माना गया और इसी कारण आज़ादी के बाद भी नई दिल्ली में [जहां 'किंग्स वे' को 'राजपथ' नाम से पुकारा गया] 'क्वींस वे' को 'जनपथ' ही कहकर पुकारा गया। कालिदास की नायिकाएं भी सारी बातचीत प्राकृत भाषा में ही करती थीं, संस्कृत में नहीं हालांकि जैसा कि हम जानते हैं, उनमें से शकुंतला-जैसी जो कन्या थीं वे ऋषियों के आश्रमों में नियमित रूप से शिक्षा प्राप्त करती थीं। इसके अतिरिक्त वे नायक की—जो सदा शुद्ध संस्कृत ही बोलता था—सारी बातें समझती थीं पर फिर भी बतौर शिष्टाचार के, उत्तर वे प्राकृत में ही देती थीं। संस्कृत बोलने का अधिकार उन्हें नहीं था। स्त्री को हर प्रकार से निचला स्थान देने के बाद हमारे शास्त्रकार कहा करते थे कि जहां-जहां स्त्रियों की पूजा होती है, वहां-वहां देवता निवास करते हैं। यत्र नार्यस्तु पूज्यन्ते, रमन्ते तत्र देवताः। जहां तक ब्राह्मी या पालि भाषा का प्रश्न है, वे तो मात्र शिलालेखों पर उत्कीर्ण करने के लिए ही प्रयुक्त होती थीं, वैसे कभी नहीं। मेरा विचार है कि पुराने ज़माने में यदि कोई व्यक्ति पालि

या ब्राह्मी में बात करना चाहता था तो आचार्य उससे यही कहते थे कि जाओ, एक अदद शिला या स्तूप लाओ, बाकी बात बाद में करेंगे ।

अपने इस प्राचीन साहित्य में जो बात मुझे सबसे पहले आकृष्ट करती है वह यह है कि जो भी प्रसंग आपके मतानुसार न हो, उसे आप 'क्षेपक' कहकर आसानी से टाल सकते हैं । इस पुराने साहित्य में 'क्षेपक साहित्य' जो है वह 'मूल साहित्य' से कहीं ज़्यादा है । हमारे एक संस्कृत के प्रोफ़ेसर थे जो ज़रूरत से ज़्यादा चतुर थे । उन्हें जो स्थल भी ऐसा मिलता था जिसका कि वे अर्थ नहीं जानते थे, उसे वे हमेशा यह कहकर टाल जाते थे कि यह 'अश्लील' है, लड़कियों के सामने इसका अर्थ नहीं बताया जा सकता । उनकी क्लास समाप्त होने के बाद, सबसे पहले हम उन्हीं स्थलों का अनुवाद खोजते थे और इस दिशा में लड़कियां जो थीं, वे भी कम उत्सुक नहीं रहती थीं । हम लोग प्रायः निराश ही होते थे क्योंकि उस तथाकथित अश्लील प्रसंग में हमें ऐसा कोई भाग पढ़ने को कभी नहीं मिला जिसे हम पहले से न जानते हों । इस सबके अतिरिक्त एक और बात जो परेशान करती थी वह यह थी कि यदि वह प्रसंग इतना अशोभनीय था तो फिर पाठ्यक्रम में रखा ही क्यों गया था ?

प्राचीन साहित्य की एक और उपयोगिता सदा से यह रही कि उस पर डॉक्टरेट लेना जो था वह सदा से सरल रहा । पहले तो 'पाठ' ही इतने प्रकार के हैं कि यह निश्चित करना कि कौन-सा पाठ सही है, स्वयं में एक बड़ा काम है । दूसरी बात यह है कि प्राचीन साहित्यकारों ने अपने बारे में इतना कम लिखा है कि उन पर खोज करने की सुविधा जो है व अनंत है । एक विदेशी विद्वान का कहना है कि महाकवि कालिदास जो थे वे कश्मीर के निवासी थे क्योंकि उन्होंने हाथी की चर्चा अत्यंत कम की है और कश्मीर ही एक ऐसा देश है जहां हाथी उतनी कसरत के साथ नहीं पाया जाता । भारवि ज़रूर समुद्रतट के निवासी थे क्योंकि वे संस्कृत के

अकेले ऐसे कवि हैं जिन्होंने समुद्र में सूरज डूबने का चित्र खींचा है। इतनी दूर की कौड़ी लाते देख पाठक को सूरज के साथ-साथ खुद भी समुद्र में डूब जाने की प्रबल इच्छा होती है। मेरे विचार में दंडी जो था वह ज़रूर किसी निचली जाति का लेखक था या सरकार का 'घोषित' अपराधी था, नहीं तो कोई ऐसा कारण नहीं कि वह 'दशकुमारचरित' तो लिखता पर अपना चरित न लिखता। उपेंद्रनाथ अश्क हैं जो बेचारे भविष्य की पीढ़ियों की कठिनाई दूर करने के लिए दो पेज 'चेतन' पर लिखते हैं और तीन पेज अपने ऊपर लिखते हैं। इतने त्याग की भावना कितने लेखकों में होती है?

प्राचीन साहित्य के संदर्भ में हमें यह कभी नहीं भूलना चाहिए कि उस समय में राजा लोग तक साहित्य की रचना करते थे। 'नागानंद' नाटक के लेखक वे ही सम्राट हर्ष थे जो संपत्ति-कर से बचने के लिए हर पांच वर्ष बाद अपनी सारी संपत्ति प्रयाग के पंडितों को बांट देते थे। 'मृच्छकटिक' के लेखक वे ही राजा शूद्रक थे जिनके अस्तित्व के बारे में विद्वानों में काफ़ी मतभेद है जिसका मुख्य कारण यह है कि उन्होंने नाटक की प्रस्तावना में अपनी मृत्यु का भी आंखों देखा उल्लेख किया है जोकि किसी भी लेखक के लिए कठिन काम है। लेखक जो है वह पाठक [या आलोचक] की मृत्यु का तो उल्लेख कर सकता है पर अपनी मृत्यु का नहीं। और हां, तीनों शतकों के रचयिता वही राजा भर्तृहरि थे जिनकी पत्नी सुंदर होने के साथ-साथ चरित्रहीन भी थी। बात भी ठीक थी, यदि सुंदर नहीं होती तो चरित्रहीन कैसे होती? क्या आपने कभी कोई बदसूरत स्त्री भी चरित्रहीन देखी है? कम से कम, मेरे साथ तो ऐसा कभी नहीं हुआ। मैं तो जब भी किसी बदसूरत स्त्री के साथ समय गुज़ारने का अवसर पाता हूं, तभी पता नहीं कैसे, मेरा चरित्र अपने आप ऊंचा हो जाता है। मैं तो जानबूझकर ऐसी स्त्रियों के साथ ज़्यादा

समय नहीं गुज़ारता क्योंकि कहीं चरित्र ज़रूरत से ज़्यादा ऊंचा हो गया तो फिर वह नीचे कैसे आएगा ?

हमारे प्राचीन साहित्य में एक विशेष बात यह है कि उसमें संसार की सारी चीज़ों का वर्णन है। यत् ब्रह्मांडे, तत् पिंडे। प्रलय, विषकन्या, युद्ध, बाढ़, भूकंप, भ्रष्टाचार, बलात्कार, कायस्थ मुंशियों की चतुराई, अदालतों का अंधेर, वेश्या, नगर, नगरवधू, देवता, देवदासियां, कंचुकि, ब्राह्मण, श्राप, हरिजनों की हत्या, विश्वासघात, जालसाज़ी, नरबलि, ग़रीबी, उड़नखटोला—क्या है जो वहां नहीं है ? और अगर वहां नहीं है तो फिर कहीं नहीं है। अगर हमारे यहां गुणाढ्य की 'बृहत्कथा' व विष्णुशर्मा का 'पंचतंत्र' न होता तो संसार के कथा-साहित्य के स्थान पर हमें मात्र वह शून्य ही देखने का मिलता जिसका कि आविष्कार भी हमने ही किया था।

अपने इस महान प्राचीन साहित्य की जो विशेषता आपके इस सेवक को सबसे ज़्यादा आकृष्ट करती है वह है उसकी शृंगारप्रधानता, उसका पद-लालित्य और उसकी विशुद्ध अश्लीलता। मुझे धिक्कार देने से पहले आप उन 'काम' की चीज़ों को पढ़ें। यदि आपने 'शृंगार शतक', 'भामिनीविलास' और 'अनंग रंग' नहीं पढ़े तो आपका यह जीवन व्यर्थ ही गया। यदि इस जीवन के बाद भी कोई जीवन होता है, तो वह भी व्यर्थ गया। आप शंकराचार्य द्वारा प्रणीत 'विवेक चूड़ामणि' पढ़ें और 'मूर्ख शिरोमणि' की भांति जीवन बिताएं। मैं क्या, हरिमोहन झा तक आपकी कोई मदद नहीं कर सकता। पिछले पैंतीस वर्षों से मैं अपना प्राचीन साहित्य बराबर पढ़ता आ रहा हूं और कम से कम मैं तो इसी निष्कर्ष पर पहुंचा हूं कि जो साहित्य शृंगारप्रधान नहीं है वह साहित्य ही नहीं है और यदि साहित्य है भी तो प्राचीन तो किसी भी स्थिति में नहीं है। आप फिर भी संत बनना चाहते हों तो बनें। ख़ाकसार तो इंसान होकर ही बहुत खुश है। और हां, कभी मुझे देवता बनने की विवशता आई भी तो मैं तो सिर्फ़ 'गुनाहों का देवता'

ही बनूंगा, और किसी किस्म का नहीं ।

'गुनाहों का देवता' हिंदी की उन विरल पुस्तकों में से है जिसका एक के बाद एक संस्करण लगातार हुआ है । आधुनिक हिंदी की जो चार सबसे ज़्यादा बिकनेवाली पुस्तकें हैं, 'गुनाहों का देवता' उनमें से एक है । शेष तीन पुस्तकें हैं—'गोदान', 'चित्रलेखा' तथा 'मधुशाला' । 'साकेत' और 'कामायनी' कैसे पीछे छूट गईं, इसका मुझे पता नहीं । कालिदास ख़ैर इतने तो प्रसिद्ध नहीं हुए जितने कि बच्चन, धर्मवीर भारती, भगवतीचरण वर्मा व प्रेमचंद हुए [जिनकी पुस्तकों की चर्चा ऊपर की गई है] पर फिर भी उन्होंने काफ़ी नाम पाया । कुछ लोगों ने तो यहां तक कहा कि कालिदास एक नहीं , कम से कम तीन थे और उन्होंने चालीस पुस्तकें लिखी थीं । भारती जी स्वयं कभी कालिदास से बहुत ईर्ष्या करते थे और कहा करते थे कि ''मेघदूत के छंद छंद में मैं ख़ुद आग लगाता'' मगर वैसा उन्होंने किया नहीं । लोहा ठंडा ही रहा, उतना गर्म कभी नहीं हुआ । विश्वस्त सूत्रों का कहना है कि भारती जी ने अपनी योजना को तब खलास किया जब उन्हें पता चला कि कालिदास [वल्द : मालूम नहीं] एक नहीं बल्कि तीन थे । सबूत के तौर पर कोई छः सौ वर्ष पहले लिखा यह श्लोक प्रस्तुत करता हूं :

एकोपि जीयते हन्त कालिदासो न केनचित
शृंगारे ललितोद्गारे कालिदासत्रयी किमु ●

जामाता दशमो ग्रहः

एक युवती है जिसके पिता भारतीय प्रशासन सेवा के वरिष्ठ अधिकारी हैं और जिसके श्वसुर पुलिस के इंसपेक्टर-जनरल हैं। कोई एक वर्ष पूर्व उसकी शादी धूमधाम से संपन्न हुई थी और दहेज़ में वह सबकुछ दिया गया था जो कि वरपक्ष ने मांगा था। शादी के थोड़े ही दिनों बाद लड़की के पिता से एक मोटी रक़म फिर मांगी गई। फ्रिज के स्टैबिलाइज़र और तंबी तार के पैसे भी वधू के पिता से ही मांगे गए। धीरे-धीरे स्थिति यह आ गई कि लड़की यदि अपने माता-पिता के दुख का ध्यान न करती तो आत्महत्या कर लेती। बात जब काबू के बाहर हो गई तो युवती ने अपने श्वसुर, सास और पति के ख़िलाफ़ और भी बड़े पुलिस-अधिकारी के पास शिकायत भेजी और उन्हें बताया कि दहेज़ के लालच में उसका जीवन किस प्रकार नष्ट किया जा रहा है। सरकार जो है वह उस श्वसुर को गिरफ़्तार करने में हिचकिचा रही है क्योंकि वह पुलिस का इंसपेक्टर-जनरल है। पुलिस जो होती है वह सदा क़ानून के ऊपर होती है। जैसा मैंने पहले भी कहीं कहा है, थाना लालकुर्ती का दारोग़ा भारत के राष्ट्रपति से कहीं अधिक शक्तिशाली होता है। बात कड़वी है मगर है एकदम सच। अब यदि इतने बड़े लोग दहेज़ के कारण वधू के जीवन का सत्यानाश कर सकते हैं तो उन ग़रीब लोगों को क्यों दोष दिया जाए जो साधारण हैं और दहेज़ के लिए वधू की आत्मा और देह को अलग-अलग करते हैं? "महाजनो येन गतः स पन्थाः" वाली उक्ति को ध्यान में रखते हुए दहेज़ के लिए

की गई हत्या को 'ताज़ीराते-हिंद' से बाहर रखना चाहिए। ठीक है न?

दिल्ली में एक सदाचारी स्वामी का प्रादुर्भाव हुआ। उनकी अलबम में ऐसे चित्र पाए गए जिनके कारण वे बड़ी-बड़ी हस्तियों को 'ब्लैक-मेल' किया करते थे। ये स्वामी जी एक ऐसी मोटी रामायण रखते थे कि उसके भीतर काग़ज़ काटकर कीमती चीज़ों के छिपाने के लिए स्थान बनाया गया था; ठीक उसी तरह जैसे कि सत्यजीत रे के 'बंबई का बागी' नामक उपन्यास में बताया गया। सदाचारी जी ने एक विधवा का मकान किराए पर लिया, उस पर ज़बर्दस्ती कब्ज़ा किया और फिर वहां 'प्राकृतिक चिकित्सा' का केन्द्र स्थापित किया। जो लोग इलाज के लिए आए, उनको लोभ और मोह से मुक्ति दिलाने के लिए रूपयों और बाकी सामान से मुक्ति दिलाई गई। स्वामी जी ने दिल्ली ही में एक भद्र वेश्यालय भी स्थापित किया ताकि थके-मांदे अमीरों को तनाव से मुक्ति दिलाई जा सके। सदाचारी जी के ख़िलाफ़ बंबई की पुलिस भी पड़ी है जहां वे लोगों को अलौकिक शक्ति दिखाने के लिए बिजली का करंट लगाया करते थे। इन आध्यात्मिक गुरुजी को जब अदालत में पेश किया गया तो उन्होंने अदालत से प्रार्थना की कि "मुझे जेल भेज दीजिए मगर पुलिस की हिरासत में न रहने दीजिए क्योंकि यह पुलिस जो है, वह मुझे मार डालेगी।" जैसा कि बाद में पता चला, ये स्वामी जी कोई बीस वर्ष पहले रोज़गार दिलानेवाली एक अवैध संस्था भी चलाते थे जिसके माध्यम से उन्होंने लाखों रुपए कमाए थे। अख़बार में छपा है कि इन शक्ति-विशेष की जान-पहिचान कभी तत्कालीन प्रधानमंत्री से भी थी। धर्म और सरकार—इन दोनों का संबंध सदा से घनिष्ठ रहा। आप शब्दकोष खोलकर स्वयं देख लीजिए—'मिनिस्टर' शब्द का अर्थ मंत्री भी है और पादरी भी।

राजधानी में बुद्धिजीवी स्त्रियों की एक महत्वपूर्ण गोष्ठी हुई जिसमें स्त्री-संबंधी क़ानूनों पर विचार किया गया। गोष्ठी ने सुझाव दिया कि

शादी में पचास हज़ार से अधिक ख़र्च कभी भी नहीं करने दिया जाना चाहिए और वर-यात्रा में भी पचास से ज़्यादा व्यक्ति नहीं आने चाहिए। सरकार स्वयं भी स्त्री-संबंधी क़ानूनों पर और विचार करने जा रही है। परिवार-नियोजन पर सबसे ज़्यादा ध्यान उस प्रदेश में दिया गया जिसके मुख्यमंत्री स्वयं नौ बच्चों के पिता थे और जिनकी सरकार में मात्र सत्तर मंत्री थे। सन् 1988 में दहेज़ के कारण मात्र 2209 हत्याएं संपन्न की गई थीं जबकि सन् 1989 में उनकी संख्या 4006 हो गई। देश ने सचमुच प्रत्येक दिशा में प्रगति की। वेश्यालयों के निरीक्षण से सरकार को यह भी पता चला कि काफ़ी वेश्याएं ऐसी थीं जिनके मां-बाप ने स्वयं उन्हें ग़रीबी के कारण बेचा था। सरकार दहेज़-विरोधी क़ानून को और भी ज़्यादा सख़्त बनाने जा रही है मगर इस सबका कोई असर पुलिस के आला अफ़सरों पर पड़ेगा—इसमें ख़ाकसार को संदेह है। जैसा मैंने ऊपर कहा है, पुलिस जो है वह सदा क़ानून से ऊपर होती आई। सीज़र की पत्नी पर कोई अभियोग नहीं चलाया जा सकता।

मैं प्रायः यह सोचा करता हूं कि हमारे देश में स्त्रियों की स्थिति इतनी खराब हुई तो क्यों हुई क्योंकि वैसे तो हमारे तमाम पुराने ग्रंथों में स्त्रियों की प्रशंसा ही प्रशंसा की गई। मनु के अनुसार जहां नारियों की पूजा होती है वहां देवता रमण करते है। चाणक्य के अनुसार स्त्रियां पुरुषों से दस गुना ज़्यादा साहस रखती हैं। चाणक्य यह भी कहता है कि सुंदर स्त्री एक ऐसा रत्न है जिसे निचली जाति के घर से भी उठा लेना उचित है। 'शतपथ ब्राह्मण' के अनुसार पुरुष जो होता है वह बिना पत्नी के अधूरा रहता है। भगवान् के अनेक नामों में स्त्री का नाम पुरुष से पहले आता है जैसे सीताराम या राधाकृष्ण में सीता और राधा का नाम राम और कृष्ण से पहले लिया गया। वाल्मीकि ने 'रामायण' में लिखा कि स्त्री अपनी हो या पराई—हमें उसकी रक्षा करनी चाहिए। विष्णुशर्मा कहता है कि गृह जो है वह मात्र गृहिणी से ही बनता है, उसके बिना नहीं। 'विष्णुपुराण' के अनुसार स्त्रियों का अपमान कभी भी नहीं करना चाहिए।

'राजतरंगिणी' में लिखा है कि वे पुरुष मूर्ख हैं जो स्त्रियों को खिलौना समझते हैं क्योंकि सच्चाई यह है कि अंत में चलकर पुरुष ही स्त्री का खिलौना बनते हैं। वेदों का कहना है कि स्त्री ही घर है। अंग्रेज़ी में एक कहावत है कि प्रत्येक नवयुवक को एक अदद पत्नी रखनी चाहिए और यदि वह पत्नी अपनी ही हो, तो और भी अच्छा है। यह एकदम सच्ची बात है कि यदि स्त्रियां न होतीं तो साहित्य भी नहीं होता। इसका पहला कारण तो यह है कि यदि स्त्रियां न होतीं तो साहित्य में नायिका किसे बनाया जाता ? और दूसरा कारण यह है कि यदि स्त्रियां न होतीं तो कवि और नाटककार जन्म कैसे लेते ? यदि 'सरस्वती' नाम की पत्रिका न होती तो राष्ट्रकवि श्री मैथिलीशरण जी सदा 'गुप्त' ही रहते, कभी प्रकट नहीं होते।

ऊपर जो कुछ भी कहा गया है, वह सच है। मगर यह भी एक सच ही है कि स्त्रियों के साथ इस देश में सदा दुर्व्यवहार ही किया गया। सीता को वनवास मिला और द्रौपदी का चीर-हरण करने की पूरी-पूरी कोशिश की गई। बंगाल की हालत सबसे ज़्यादा ख़राब रही। वहां एक ओर तो दुर्गा की पूजा होती रही, दूसरी ओर स्थिति यह रही कि एक-एक कुलीन ब्राह्मण अस्सी-अस्सी शादियां करता रहा। शरत् बाबू न होते तो बंगाल की स्थिति पता नहीं कब सुधरती। मैं जो स्त्रियों के प्रति अतिरिक्त सहानुभूति रखता हूं उसका एक कारण यह भी है कि पता नहीं कब मेरा यौन-परिवर्तन हो जाए और मैं एक स्त्री बन जाऊं।

देश के सेनाध्यक्ष ने बताया है कि सशस्त्र सेनाओं के द्वार भी अब देश की स्त्रियों के लिए खुलेंगे। मैं इस घोषणा से बहुत प्रसन्न हूं। स्त्री को अबला बतानेवाले पुरुषों की सेवा में मैं यह कहना चाहता हूं कि संसार के तीन-चौथाई युद्ध मात्र इन अबलाओं के लिए ही लड़े गए। यदि रूपवती रमणियां न होतीं तो शायद हमारा कोई इतिहास ही नहीं होता। यह जानकारी देना भी आवश्यक है कि विश्व का वायुयान के द्वारा सबसे पहले अकेले चक्कर लगाना एक स्त्री ने ही सम्पन्न किया था। चीन की

साम्यवादी सरकार के ख़िलाफ़ जासूसी एक नर्तकी ने ही की थी जिसमें उसके प्राण जाते-जाते बचे। ऐसी युवतियों को आप 'अबला' कहेंगे या 'बला' ? मगर इस सबसे पुलिस पर कोई प्रभाव नहीं पड़ेगा। आज ही के अख़बार में पढ़ा कि बुंदेलखंड में कई आदिवासी किशोरियों के साथ शायद पुलिस ही ने सामूहिक बलात्कार संपन्न किया।

इराक और मित्र-सेनाओं के बीच छिड़े युद्ध के दौरान एक सुंदरी ने अपने प्रेमी से टेलीफ़ोन पर विवाह संपन्न किया। विवाह के बाद जज ने पति और पत्नी के बीच टेलीफ़ोन पर बातचीत भी कराई। मगर मेरा निजी ख़याल यही है कि इस युवती के साथ विवाह से बचने के लिए ही प्रेमी जो था वह लाम पर गया था। पुरुष की जाति ही अविश्वसनीय होती है। पूर्वी और पश्चिमी जर्मनी के एकीकरण के पूर्व लगभग सतरह हज़ार जर्मन अपनी पत्नियों को छोड़कर भाग गए थे। जब दोनों जर्मनी एक हुईं तो इन हज़ारों पतियों को यही चिंता खाए जा रही थी कि अब कहीं पुरानी पत्नियां फिर से उन्हें न ढूंढ़ लें। संस्कृत में ठीक ही कहा है कि दामाद जो होता है वह राहु और केतु से भी आगे होता है। यह एक ऐसा ग्रह है जो कन्या राशि को कभी नहीं छोड़ता। जो सज्जन मेरी वाणी पर विश्वास नहीं कर पा रहे हैं उनकी सेवा में यह श्लोक समर्पित करता हूं :

सदा वक्रः सदा क्रूरः, सदा पूजामपेक्षते
कन्याराशि स्थितो नित्यं, जामाता दशमो ग्रहः । ●

गौरव के क्षण

मेरा जन्म उत्तरप्रदेश के एक कस्बे में हुआ था । जिस ज़िले में यह शुभकार्य संपन्न हुआ उसका नाम बिजनौर था, बिजनौर है और बिजनौर रहेगा । क्या इतिहास और क्या भूगोल—सभी दृष्टियों से यह जनपद काफ़ी विलक्षण है । मेरा यह ज़िला तिकोना है । एक ओर हिमालय खड़ा है और शेष दो दिशाएं जो हैं, उनमें गंगा बहती है । बरसाती नदियां इतनी हैं कि मैं जब भी तुलसीदास की "क्षुद्र नदी भरि चलि उतराई" वाली पंक्ति याद करता हूं तो सोचता हूं कि वे कहीं मेरे ज़िले में ही तो नहीं पैदा हुए थे । गंगा नदी पर 'नहान' लगता है जिसमें बेशुमार लोग दूर-दूर से चलकर आते हैं । सुमित्रानंदन पंत ने 'ग्राम्या' में 'नहान' शीर्षक से एक कविता भी लिखी है । अजितकुमार भी अपनी कविताओं में मेलों की चर्चा प्रायः करते हैं । मेरी सलाह है कि वे मेरे ज़िले में आएं और दारानगर गंज पर लगनेवाले महान मेले को देखें ।

बिजनौर ज़िले में वह स्थान अभी भी सुरक्षित है जहां कभी महात्मा विदुर निवास करते थे । मालिनी नाम की वह नदी अब भी मज़े में बहती है जहां कभी महर्षि कण्व का आश्रम था और जहां दुष्यंत ने शकुंतला के साथ गंधर्व विवाह किया था । अकबर के नौ रत्नों में से एक रत्न—जिंनका नाम फैज़ी था—मेरे ही ज़िले के निवासी थे और बतौर सबूत के मैं यह बताता हूं कि उनका मकबरा मेरे ज़िले में ही स्थित है । नजीब ख़ां ने मेरे ही ज़िले में नजीबाबाद नाम का नगर बसाया और उसके पास ही एक किला भी बनवाया । ज्ञानपीठ पुरस्कार

का प्रारंभ करनेवाली श्रीमती रमा जैन नजीबाबाद के ही निवासी साहू शांतिप्रसाद जी की पत्नी थीं। न मेरे ज़िले में वे ब्याही जातीं और न किसी को ज्ञानपीठ पुरस्कार मिलता।

मेरे ज़िले के अतिरिक्त मुरादाबाद, मेरठ, मुज़फ़्फ़रनगर, बुलंदशहर और सहारनपुर भी ऐसे ज़िले हैं जहां एक तरफ़ गन्ने की खेती होती है और दूसरी ओर त्यागी जाति के लोग भी कसरत के साथ पैदा किए जाते हैं। त्यागी लोगों की उत्पत्ति के बारे में दो मत हैं। एक मत तो यह है कि त्यागी लोग पहले ब्राह्मण होते थे पर ज़मींदार हो जाने के बाद उन्होंने दान लेना 'त्याग' दिया और इसी कारण वे 'त्यागी' कहे जाने लगे। अभी भी काफ़ी त्यागी लोग अपने नाम के साथ 'शर्मा' लगाते हैं। दूसरा मत यह है कि किसी राजा ने एक वेश्या से संतान प्राप्त की और फिर उसे 'त्याग' दिया। इस 'त्याग' के कारण ही वे लोग 'त्यागी' कहलाए। पता नहीं क्यों, मुझे यह वेश्यावाली कहानी ही ज़्यादा सच्ची जान पड़ती है। और सबसे दिलचस्प बात यह है कि कोई दस वर्ष पूर्व तक दिल्ली प्रशासन 'त्यागी' जाति को अनुसूचित जाति मानता था। त्यागी लोगों का कहना है कि पंजाब के मोहिवाल और बिहार के भूमिहार भी त्यागी ही हैं और प्रमाण के तौर पर इन तीनों जातियों के बीच शादी-विवाह भी बदस्तूर होते हैं। कुछ त्यागी ऐसे भी हैं जो कभी मुसलमान हो गए थे पर उन त्यागी लोगों के यहां शादी-विवाह या मातम वगैरा में आना-जाना अभी तक उसी तरह जारी है और रहेगा। कुछ लोगों का मत यह भी है कि 'त्यागी' शब्द का मूल पाठ 'तगा' है और वे कभी सेंट्रल एशिया के 'तुर्क' थे। इन लोगों के अनुसार विश्वकवि रवींद्रनाथ टैगोर भी त्यागी ही थे और 'तैगौर' शब्द 'तगा' से ही बना।

पश्चिमी उत्तरप्रदेश में एक ओर गन्ना होता है और दूसरी ओर त्यागी। गन्ने के कारण अमीरी आई और अज्ञानी होने के कारण उसमें से आधी दहेज़ में चली गई और बाकी शराब और मुकद्दमेबाज़ी में खलास हो गई। काफ़ी त्यागी लोग अपने जीवन का बेहतरीन

हिस्सा डिस्ट्रिक्ट जेल में ही काटते हैं। मेरे अपने वंश ही में डाकू कृपालसिंह पैदा हुआ और उसको भी सुलताना डाकू [उर्फ़ शेरे-बिजनौर] की तरह फांसी दी गई। मगर इस नश्वर शरीर के छोड़ देने से क्या होता है ? असली माल तो 'आत्मा' है जो अजर और अमर है। [वैज्ञानिकों का कहना है कि आत्मा का वज़न दस औंस से ज़्यादा नहीं होता।] कृपाल नहीं रहा तो क्या, न जाने कितने त्यागी नवयुवक उसी के पदचिन्हों पर चल रहे हैं और अज्ञेय जी की भाषा में आप उन्हें 'गतानुगामी' भी कह सकते हैं। चार्ल्स शोभराज के केस में एक त्यागी सहयोगी की काफ़ी चर्चा हुई। इधर एक और 'त्यागी-कुल-कमल-शिरोमणि' उभरे हैं जिनके कारण पुलिस ने एक ऐसे त्यागी को भी पकड़ लिया जोकि उसके वकील थे। वकील साहब जैसे ही गिरफ़्तार हुए वैसे ही वकीलों ने सामूहिक हड़ताल कर दी। बात भी ठीक है। वकील तो देश के क़ानून के ऊपर हैं, वे कुछ भी करें मगर उन्हें पकड़ा कैसे जा सकता है ? जज लोग चेंबर में बैठे हुए सिगार पीते रहे और शेर पढ़ते रहे : इब्तदाए-इश्क है रोता है क्या, आगे आगे देखिए होता है क्या।

राजनीति के क्षेत्र में महावीर त्यागी ने काफ़ी काम किया। वे "गांधी जी के पुलिसमैन" कहे जाते थे। जब भी अधिवेशन वगैरा होते थे तो सारा ट्रैफ़िक कंट्रोल तथा क़ानून और व्यवस्था को वही संभालते थे। आज़ादी के बाद वे केंद्रीय सरकार में बहुत दिनों मंत्री और राज्यमंत्री रहे। मुझे सौभाग्य प्राप्त है कि मैंने उन्हें काफ़ी करीब से देखा। हंसमुख और मज़ाकपसंद इंसान थे। एक बार संसद में चीनी लोगों ने जो हमारी ज़मीन अपने कब्ज़े में कर ली है उसकी चर्चा करते हुए प्रधानमंत्री ने कहा कि वह ज़मीन बेकार है क्योंकि उस पर कुछ भी नहीं उगता। इतनी-सी बात सुनकर त्यागी जी को गुस्सा आ गया और वे खड़े होकर कहने लगे कि "मेरा पूरा सिर गंजा है, इस पर कुछ भी पैदा नहीं होता। क्या प्रधानमंत्री यह कहना चाहते हैं कि गंजा होने

के कारण मेरा सिर बेकार है ?" उनकी इस प्रतिक्रिया पर प्रधानमंत्री समेत सारे सांसद हंस पड़े । मगर त्यागी जी की सबसे बड़ी शक्ति थी उनकी ईमानदारी । उनकी सर्वगुणसंपन्न लड़की को सारा जीवन दुख में काटना पड़ा मगर उन्होंने अपने दामाद को ठेके नहीं दिए । पुराने लोगों में स्नेह बहुत होता था । उनकी पुत्री के विवाह में पंडित जी व राष्ट्रपति डॉ. राजेन्द्र प्रसाद आए और घंटों का कार्यक्रम संपन्न हो जाने पर ही लौटे । हां, अलबत्ता मेरी पत्नी के दादा जी ने महावीर त्यागी से कभी मात नहीं खाई । एक बार त्यागी जी ने उनसे पूछा कि सरकार के बारे में आपका क्या ख़्याल है तो मेरी पत्नी के दादा जी ने सबके सामने कहा कि "जिस सरकार में तेरे-जैसा बेपढ़ा आदमी मिनिस्टर हो, उस सरकार के बारे में कहने को रह ही क्या जाता है ?" मेरी पत्नी के दादा जी के पास सात गांव थे और वे हाथी रखते थे । अब तो हाथी कहीं दिखाई ही नहीं देता । हां, अलबत्ता यदि सफ़ेद हाथी देखने हों तो कहीं भी चले जाइए—सफ़ेद हाथी आपको हर मंत्रालय में मिलेगा और कसरत के साथ मिलेगा ।

साहित्य के क्षेत्र में त्यागी लोगों ने अच्छा काम किया । हिंदी में 'तुलनात्मक आलोचना' की पहल करनेवाले पंडित पद्मसिंह शर्मा एक महान व्यक्ति थे । उनकी मित्रता पंडित मदनमोहन मालवीय, ख़्वाजा हसन निजामी, अकबर इलाहाबादी, महावीर प्रसाद द्विवेदी, जगन्नाथदास रत्नाकर, नाथूराम शर्मा 'शंकर'-जैसे दिग्गजों के साथ थी । वे संस्कृत, फ़ारसी व हिंदी के परम विद्वान थे । उनके बाद दुष्यंत कुमार दूसरे त्यागी हुए जिन्होंने यश पाया । भीमसेन त्यागी ने भी कुछ कहानियां बहुत अच्छी लिखीं । और ख़ाकसार का तो कहना ही क्या । कहते हैं कि ग़ालिब का है अंदाजे-बयां और । लिखने के अतिरिक्त हरिपाल त्यागी [जो मेरा चचेरा भाई है] एक बढ़िया चित्रकार बना और मुखवंशनारायण सिंह ने स्थापत्य कला व पेंटिंग में काम किया और अच्छा काम किया । साहित्य की चर्चा में मैं वयोवृद्ध चौधरी शिवनाथसिंह शांडिल्य को भी कभी नहीं भुला

सकता । वे संसार में अकेले त्यागी हैं जिनके व्यक्तिगत पुस्तकालय में बीस हज़ार जिल्दें हैं । महावीर अधिकारी ने पत्रकारिता के क्षेत्र में सफलता पाई । अधिकारी होने के बावजूद वे त्यागी ही रहे ।

सरकारी नौकरी के मामले में जो लोग भी आगे निकले वे सब के सब मेरी पत्नी के संबंधी थे । श्री विश्वेश्वर दयाल दानत्यागी मेरी पत्नी के सगे बड़े मामा थे जो अंग्रेज़ों के ज़माने में संयुक्त सचिव थे और चालीस वर्ष पहले तीन हज़ार वेतन पाते थे । अशोक रोड पर उनकी कोठी थी । दूसरे बड़े अफ़सर महेशचन्द्र त्यागी थे जो इंडियन पुलिस सर्विस के सदस्य थे और प्रयाग के सीनियर पुलिस सुपरिंटेंडेंट थे । वे मेरी पत्नी के सगे छोटे मामा थे । इनके बाद शायद मैं प्रथम श्रेणी की केंद्रीय सिविल सर्विसेज़ में आया और इत्तफ़ाक से मैं भी अपनी पत्नी का घनिष्ठ संबंधी रहा । मेरी पत्नी की अम्मां त्यागी जाति की प्रथम ऐसी स्त्री थीं जिन्होंने हाईस्कूल की परीक्षा पास की थी । इधर कुछ और लोग भी बड़ी-बड़ी नौकरियों में निकले हैं । सेना में भी अनेक त्यागी लोग बड़े-बड़े पदों पर हैं। ईश्वरदयाल त्यागी, हरिशंकर शर्मा और शूरवीर सिंह को तो मैं भी जानता हूं । ये तीनों ले.-कर्नल हैं और भगवान् ने चाहा तो फ़ील्ड मार्शल बनेंगे ।

बाकी लोगों की भांति त्यागी लोग अमीर भी होते थे और ग़रीब भी होते थे । कुछ परिवार थे जो राजवंशों की भांति रहते थे । एक तरफ़ ये बड़े-बड़े जागीरदार थे और दूसरी तरफ़ ऐसे भी लोग थे जैसे कि मेरे नाना जी जो एक जागीरदार के यहां दस रुपया प्रतिमाह की पगार पर सारी रियासत का भार संभालते थे । उन्होंने लाखों-करोड़ों रुपयों का हिसाब रखा मगर उनके अपने घर पर छप्पर ही पड़ा रहा । मेरे ज़िले के एक त्यागी विवश होकर ईसाई हो गए थे । उनका बनाया हुआ शानदार गिरजा ताजपुर में अभी भी खड़ा है । इस गिरजे का ज़िक्र करते-करते मुझे सरधना में बने बेगम समरू के शानदार गिरजे

की याद आ गई और यह भी याद आ गया कि बेगम समरू के जो दीवान थे वे भी त्यागी ही थे। वे दीवान होने के साथ-साथ बेगम समरू के सात प्रेमियों में से भी एक थे। इस संदर्भ में मैं आपको एक दिलचस्प बात सुनाना भूल गया। वे जागीरदार, जिनके यहां मेरे नाना नौकरी करते थे, जब मरे तो उनके दोनों पितृभक्त पुत्र उनकी मृत देह से चिपक गए। उन्हें स्वर्गीय पिताजी के यज्ञोपवीत में से तिजोरी की चाबी तोड़नी थी।

फिलहाल उन लोगों की हालत काफ़ी दर्दनाक है जो बिना कुछ किए-धरे पुराने ठाठ से रहना चाहते हैं। रवींद्रनाथ ठाकुर की प्रख्यात कथा 'नयनजोर के बाबू' ऐसे ही लोगों के बारे में है। जमींदारी निकल गई, और कोई काम-धंधा कर नहीं सकते मगर चाहते यही हैं कि शराब दोनों वक़्त मिले, मुकद्दमे हाईकोर्ट में लड़े जाएं, एक अदद रखैल ज़रूर हो और पब्लिक उन्हें हुज़ूर या अन्नदाता कहकर पुकारे। ऐसे स्वयं-पराजित लोगों में से जो नई फ़स्ल निकली है वह ज़रूरत से ज़्यादा होनहार है। वह जुआ खेलती है, गैस के हंडे में रंडी नचाती है, और गांव की सरपंच बनती है ताकि ब्लाक डेवलपमेंट अधिकारी और तहसीलदार से मिलकर सूखे या बाढ़ के लिए दी गई राशि का सदुपयोग किया जा सके। उनका वर्तमान देश के भविष्य से उपर है। वे मेलों से लड़कियां भगवाते हैं ताकि वे कोठों पर बेची जा सकें, नौटंकी चलाते हैं और सबकुछ कर लेने के बाद प्रदेश के किसी मंत्री के साथ खाना भी खाते हैं। मंत्री बेचारा क्या करे? उसे जो चुनाव जीतना है वह इन्हीं के सहारे जीतना है। मैं या आप उनकी क्या सहायता कर सकते हैं?

बहरहाल मेरे लिए यह बड़े गौरव की बात है कि जिन त्यागी लोगों की चर्चा अब तक सिर्फ़ गीता ही में की गई थी, उन त्यागी लोगों को लेकर आज अख़बारनवीस अपने पर्चे काले कर रहे हैं। अपने वंश को या जाति को फलता-फूलता देखकर कौन खुश नहीं होता? अपनी

जाति के लोग डकैतों के सरदार हैं यह जानकर किसकी छाती चौड़ी नहीं होगी ?

ऊपर मैंने बताया है कि त्यागी लोग काफ़ी अपराध करते हैं। यह बयान उतना ही सच है जितना कि यह बयान कि त्यागी जाति में न जाने कितने लोग डिस्ट्रिक्ट जज या हाईकोर्ट के जज भी हुए हैं। मैं कभी-कभी इस विरोधाभास को देखता हूं और शायर का कलाम याद करता हूं। अकबर इलाहाबादी [जो खुद जज थे] ने कहा है :

शेख़ जी के दोनों लड़के बाहुनर पैदा हुए
एक खुफ़िया पुलिस में हैं, एक फांसी पा गए

हिंदी की कुछ श्रेष्ठ व्यंग्य-कविताएं

उर्दू में—क्या गद्य और क्या पद्य दोनों में—श्रेष्ठ हास्य-व्यंग्य लिखने की एक परंपरा रही है। इक़बाल हाली और ग़ालिब-जैसे बड़े-बड़े कवियों ने भी हास्य और व्यंग्य से परिपूर्ण उच्च कोटि की कविताएं लिखीं। 'दाग़' देहलवी उर्दू के 'शरीर' कवि माने जाते हैं और 'अकबर' इलाहाबादी तो अपनी हास्य-व्यंग्य से परिपूर्ण कविताओं के कारण इतने प्रख्यात हुए कि लोग उनकी उच्च कोटि की गंभीर कविताओं को जैसे भूल ही गए। शौकत थानवी [जो मुख्यतः एक गद्य लेखक थे], राजा महदी अली ख़ान, सैय्यद मुहम्मद जाफ़री, मजीद लाहौरी, गुलाम अहमद फुर्क़त, रस्सत देहलवी, ज़रीफ़ लखनवी, वाही, अफ़ज़ल परवेज़, काज़िब माल्वी, मिस्टर देहलवी, दिलावर फ़िगार, नज़ीर अकबराबादी, सुल्तान अहमद 'शहबाज़', जगत इलाहाबादी, वजानत झंझानवी, सैय्यद ज़मीर जाफ़री, 'बेढब' बदायूनी, अब्दुल बादी 'आसी', हरिचंद अख़्तर, ज़रीफ़ जबलपुरी, ज़रीफ़ देहलवी, अहमक फफूंदवी, रियाज़ खैराबादी और हाजी लकलक के कलाम में जो लुत्फ़ है, जो मज़ा है और जो चोट है—उसे कोई पाठक कभी नहीं भूल सकता। हाजी लकलक तो मुझे बहुत ही प्रिय हैं; सुनके हाजी का कलाम आपको आएगी हंसी, मिडिल पास है कोई गंवार नहीं।

यह दुख की बात है कि पिछले पच्चीस-तीस वर्षों में हिंदी गद्य में तो काफ़ी हास्य-व्यंग्य लिखा गया—और उच्च कोटि का लिखा गया—पर कविता की स्थिति हास्यास्पद ही बनी रही। यूं काफ़ी लोग

हैं जो हास्य की तुकबंदियों और चुटकुलों को मंच पर सुनाकर लाखों रुपया कमाते हैं और विदेश घूमते हैं पर बेढब बनारसी के बाद स्तरीय व्यंग्य कविता नहीं के बराबर ही लिखी गई। बेढब जी शायद हिंदी के अंतिम पेशेवर श्रेष्ठ हास्य कवि थे। वेणी उनकी देखिए लंबी ललित ललाम, जैसे कोई वाक्य हो बिना पूर्णविराम। हिंदुस्तानी गोद में यूं अंग्रेज़ी मेम, सोने की तस्वीर पर आबनूस का फ्रेम। दो पत्नी हैं तो नहीं मन में तनिक विषाद, एक समझ ली मूल है और एक अनुवाद।

जैसे गद्य में व्यंग्य-लेखन के जनक भारतेंदु हरिश्चंद्र हैं, ठीक वैसे ही हिंदी काव्य में व्यंग्य के जनक संत कबीर हैं। तुलसीदास के लक्ष्मण-परशुराम संवाद, शिवजी की वरयात्रा व रावण-अंगद संवाद बेहद हास्यपूर्ण हैं। रीतिकालीन कवियों की अतिशयोक्तियां भी काफ़ी मज़ेदार हैं। आधुनिक हिंदी कवियों ने भी कुछ बेहद श्रेष्ठ व्यंग्य-कविताएं लिखी हैं जिनमें से कुछ मैं यहां देता हूं। कबीर, निराला और अज्ञेय की व्यंग्य-कविताओं पर मैं अलग से तीन लेख लिख चुका हूं और इस कारण उनको मैं इस परिचर्चा में छोड़ता हूं।

सबसे पहले मैं नागार्जुन को लेता हूं। मेरा सौभाग्य है कि उनसे मेरा परिचय बहुत वर्षों पूर्व तभी हो गया था जब मैं प्रयाग विश्वविद्यालय में पढ़ता था। धीरे-धीरे वह परिचय घनिष्ठ होता गया। अब तो स्थिति यह हो गई है कि उनसे मिले कई वर्ष हो गए मगर हमेशा ऐसा लगता है कि वे मेरे पास ही बैठे हैं, बतिया रहे हैं और ठहाके पर ठहाके लगा रहे हैं। ''जो वस्तु औरों की संवेदना को अछूती छोड़ जाती है, वही नागार्जुन के कवित्व की रचना-भूमि है। इस दृष्टि से काव्यात्मक साहस में नागार्जुन अप्रतिम हैं। कबीर, तुलसीदास और निराला के बाद हिंदी भाषा की विविधता और समृद्धि का ऐसा सर्जनात्मक संयोग नागार्जुन में ही दिखाई देता है। उनमें लोकप्रियता और कलात्मकता का जो संतुलन और सामंजस्य देखने को मिलता है वह अन्यत्र नहीं मिलता।'' मैं उनकी दो व्यंग्य-कविताएं यहां देता हूं जो मुझे बेहद प्रिय हैं :

अकाल के बाद

कई दिनों तक चूल्हा रोया, चक्की रही उदास
कई दिनों तक कानी कुतिया सोई उनके पास
कई दिनों तक लगी भीत पर छिपकलियों की गश्त
कई दिनों तक चूहों की भी हालत रही शिकस्त

दाने आए घर के भीतर कई दिनों के बाद
धुआँ उठा आँगन के ऊपर कई दिनों के बाद
चमक उठीं घर भर की आँखें कई दिनों के बाद
कौए ने खुजलायी पाँखें कई दिनों के बाद ।

चौराहे के उस नुक्कड़ पर

चौराहे के उस नुक्कड़ पर
काँटों का बिस्तरा बिछा कर
सोया साधू दाढ़ी वाला,
लोग तमाशा देख रहे हैं
अपनी धुन में आते जाते ।
दिन के दस बजने वाले हैं
वक़्त हो गया है दफ़्तर का
सबके पैरों में फुर्ती है
लेकिन यह आ गया कहाँ से !
काँटों पर नंगा सोया है
ठिठक गया मैं लगा देखने
उस औघड़बाबा के करतब
नेत्र बंद थे, बदन अडिग था
शरशय्या पर चित लेटा था
दर्शक पैसे फेंक रहे थे···

सेठों की गलियों का जुक्कड़
काँटों पर लेटा है फक्कड़
चमक रहे पैसे, दो पैसे
और पाँच पैसे, दस पैसे
जैसी श्रद्धा सिक्के वैसे
निकल रहे हैं जैसे तैसे
काँटों पर सोया है कैसे
नागफनी पर गिरगिट जैसे

श्रद्धा का तिकड़म से नाता
जय हे भिक्षुक, जय हे दाता
पियो संत हुगली का पानी
पैसा सच है, दुनिया फ़ानी

डॉ. प्रभाकर माचवे हिंदी के चलते-फिरते विश्वकोष हैं। उन्होंने न जाने कितनी विधाओं में लिखा और जो कुछ भी लिखा वह प्रायः शानदार ही लिखा। मैं उनसे दो बार मिला हूं पर जो स्नेह, फक्कड़पन, विनोद और आत्मीयता उनमें देखी वह अब हिंदी में समाप्त होती जा रही है। उनकी एक मार्मिक कविता यहां देता हूं :

नए कवि के प्रति

तो,
'श्री' या 'वि'—या जो भी तुम्हारा नाम हो, सुनाओ
दो साल भारत के बाहर मैं रहा, क्या क्या हुआ यहाँ ?
हिंदी कविता से जैसे मैं कट सा ही गया;
—वैसे ही कवि सम्मेलन होते रहे, जनता 'हू-हा' करती रही

नयी कविता पर गालियाँ वैसी ही बरसीं
और फिर भी वह छपती रही
—वैसे ही नए-पुराने खेमों में भगदड़ मची
वैसे ही कई आम्नाय जुटे, मठ टूटे, घाट ढहे, राख बिछी
नाव कोई ठाँव नहीं बँधी बची :
—क्या करते हो ?

बोले :
एक अखबार में था, अब खाली हूँ
एक प्रकाशक के यहाँ कुछ दिनों रहा, अब खाली हूँ
अदबी इदारों में नौकरी नहीं मिली
कहा गया—नए कवि हैं बेतुके
टी हाउस में बैठता हूँ, सबको गरियाता हूँ
[मैं खुद ही एक गाली हूँ]
फ़्री-लांसिंग, किसी एम्बैसी से कुछ अनुवाद
एक दिन खाना, चार दिन फाका
अब मित्र ने कहा है, एक पाकेट-बुक सिरीज़ का उपन्यास
लघु-लघुतम
लिख डालो—सिगरेट है ?

दो साल, दस साल
ऐसे ही बीत बीत जाएँगे, जेब रीत रीत जाएगी,
पढ़ाते रहेंगे विश्वविद्यालयों में लोग :
'हिन्दी में आया था प्रयोगवाद—एक रोग'
हम सबने घेर कर उसे मार भगा दिया, ऐसा डंडा लगा
दिया
भारतीय संस्कृति अब खतरे में नहीं है, 'शिखा' सेफ़ है

पढ़ बेटा हनुमान-चालीसा
कर रिसर्च पिरे हुए गन्नों के चोयथों पर
अखबार वाले भी दोस्तों की घिसी पिटी चीज़ें ही छापेंगे ।
पूछते रहेंगे आलोचक
हिंदी कविता में गति-रोध-युग आया था ?
हाय, ऐसा क्यों हुआ ?

नये कवि, सवैये-घनाक्षरियाँ लिखो हास्य रस की
[घटिया और फूहड़ हों]
या उर्दू से नकल टीप, सिनमई गीतों के पनियल कुछ गीत लिखो,
बेकार बात तुम करते हो रैम्बौ की, रिल्के की
महाभारत उठाओ, पाँच साला योजना पर खंड काव्य लिखो,
यदि किसी मंत्री की भूमिका हो, अत्युत्तम
कम से कम प्रादेशिक पुरस्कार तो तुम्हारे हैं...

विद्यानिवास मिश्र हिंदी के शीर्षस्थ निबंधकार हैं । मैं उनका मुरीद इस कारण भी हूं क्योंकि उनमें विनोद-वृत्ति काफ़ी है । आपको जानकर आश्चर्य होगा कि वे संस्कृत वगैरा के साथ-साथ फ़ारसी पर भी असाधारण अधिकार रखते हैं और उनका एक कविता-संग्रह भी निकला है । उसी संग्रह में से एक मार्मिक कविता यहां देता हूं :

पर्यटकों का भारत

एलोरा—हम बेचते हैं
अजंता—हम बेचते हैं
खजुराहो—हम बेचते हैं

सारा भारत बिकाऊ है
हम इसे समूचा बेच सकते हैं

पधारिए, तशरीफ़ लाइए, बैठिए
इत्मीनान से देखिए,
उधर से देखिए, इधर से देखिए,
ऊपर से देखिए, नीचे से देखिए
हाँ हाँ हाथ लगाइए, आपके हाथ की मैल
इन पुरानी चीज़ों पर पालिश का काम करेगी।
हम हाथ मींसते हैं, हाँ दूसरे शब्दों में जोड़ते हैं
मुस्कान लाते हैं
रुपैया, रुपैया—बस असली चीज़ तो रुपैया है...

हम सभ्य भारतीय—हमें कार चाहिए
हम सभ्य भारतीय—हमें सुलगदानी लाइटर दरकार है
हम सभ्य भारतीय—ट्रांजिस्टर-प्रेमी हैं
हम सभ्य भारतीय—फिल्मी गानों से शादी की महफ़िल
गुँजाते हैं
हमें आता है झुक कर करना सलाम
हमें आती है शान्तिनिकेतनी मुद्रा
नमन की, अर्थहीन स्थिति की,
हमारी संस्कृति पुरातन है
हम आधुनिक हैं, विश्वभावन शील हैं,
जी हाँ, यह भारत जो बिकाऊ है
वह हमारा ही भारत है...

'धूमिल' से मैं कभी नहीं मिल पाया हालांकि उनकी कविताओं ने मेरे

मर्म को झकझोर दिया। उनकी कुछ कविताओं के टुकड़े आपकी सेवा में प्रस्तुत करता हूं। इन्हें पढ़कर आप मुझसे सहमत होंगे कि वे सच्चे 'अकवि' थे :

कविता

हत्या में अब लोगों की रुचि नहीं
वह किसी गँवार आदमी की ऊब से
पैदा हुई थी और
एक पढ़े लिखे आदमी के साथ
शहर चली गई

एक संपूर्ण स्त्री होने के पहिले ही
गर्भाधान की क्रिया से गुज़रते हुए
उसने जाना कि प्यार
घनी आबादी वाली बस्तियों में
मकान की तलाश है :
लगातार बारिश में भीगते हुए
उसने जाना कि हर लड़की
तीसरे गर्भपात के बाद
धर्मशाला हो जाती है और कविता
हर तीसरे पाठ के बाद—
नहीं, अब वहाँ कोई अर्थ खोजना व्यर्थ है :
लो, ये रहा तुम्हारा चेहरा
जो जुलूस के पीछे गिर पड़ा था

बीस साल बाद

हर तरफ़ ताले लटक रहे हैं
दीवारों से चिपके गोली के छर्रों
और सड़कों पर बिखरी जूतों की भाषा में
एक दुर्घटना लिखी गई है
संत और सिपाही में
देश का सबसे बड़ा दुर्भाग्य कौन है ?
क्या आज़ादी सिर्फ़ तीन थके रंगों का नाम है
जिन्हें एक पहिया ढोता है ?

मोचीराम

मैं जानता हूँ कि 'इनकार से भरी हुई चीख़'
और 'समझदार चुप'
दोनों का मतलब एक है

मुझे हर वक़्त यह ख़याल रहता है कि जूते
और पेशे के बीच
कहीं न कहीं एक अदद आदमी है
जिस पर टाँके पड़ते हैं
जो जूते से झाँकती हुई अँगुली की चोट
छाती पर
हथौड़े की तरह सहता है

बाबू जी, सच कहूँ तो मेरी निगाह में
न कोई छोटा है
न कोई बड़ा है

मेरे लिए हर आदमी एक जोड़ी जूता है
जो मेरे सामने
मरम्मत के लिए खड़ा है…

दुष्यंत और मैं हाईस्कूल में साथ-साथ पढ़ते थे। जब मैट्रिक्यूलेशन की परीक्षा के फ़ार्म भरे जा रहे थे तो उसने मेरे नाम के बाद 'त्यागी' जोड़ा और मैंने उसे 'दुष्यंतनारायण' से 'दुष्यंतकुमार' बनाया। बी.ए. में हम दोनों फिर सहपाठी हो गए। इसके बाद हम काफ़ी दिनों के लिए बिछुड़ गए। हां, अलबत्ता 'सूर्य का स्वागत' की प्रति देने वह मेरी कोठी पर मेरठ आया था। फिर वह मध्यप्रदेश चला गया जहां उसने 'साए में धूप' पालकर दिखा दी। उसकी एक दिलचस्प कविता यहां देता हूं जो उन दिनों के नए कवियों के हुलिए पर काफ़ी प्रकाश डालती है :

इनसे मिलिए : नखशिख विवरण

पाँवों से सिर तक जैसे एक जनून
बेतरतीबी से बढ़े हुए नाखून,
कुछ टेढ़े मेढ़े बैंगे दाग़िल पाँव
जैसे कोई एटम से उजड़ा गाँव,
टख़ने ज्यों मिले हुए रक्खे हों बाँस
पिंडलियाँ कि जैसे हिलती डुलती काँस,
कुछ ऐसे लगते हैं घुटनों के जोड़
जैसे ऊबड़ खाबड़ राहों के मोड़,
गट्ठों सी जंघाएँ निष्प्राण मलीन
कटि, रीतिकाल की सुधियों से भी क्षीण
छाती के नाम महज़ हड्डी दस बीस

जिस पर गिन चुन कर बाल खड़े इक्कीस,
पुट्ठे हों जैसे सूख गए अमरूद
चुकता करते करते जीवन का सूद,
बाँहें ढीली ढाली ज्यों टूटी डाल
अँगुलियाँ कि जैसे सूखी हुई पुआल,
छोटी सी गरदन रंग बेहद बदरंग
हर वक़्त पसीने की बदबू का संग,
पिचकी अमियों से गाल लटे से कान
आँखें जैसे तरकश के खुट्टल बान,
माथे पर चिंताओं का एक समूह
भौंहों पर बैठी हरदम यम की रूह,
तिनकों से उड़ते रहने वाले बाल
विद्युत्-परिचालित मखनातीसी चाल,
बैठे तो फिर घंटों जाते हैं बीत
सोचते प्यार की रीत, भविष्य, अतीत

कितने अजीब हैं इनके भी व्यापार
इनसे मिलिए, ये हैं दुष्यन्तकुमार

आत्म-परिचय की दिशा में मेरे पुराने आत्मीय लक्ष्मीकांत वर्मा किसी से पीछे नहीं रहे। वे कहते हैं :

श्रीमान्
श्री श्री श्री लक्ष्मीकांत;
बाल बिखरे
गाल चिपके
निष्प्रभ··· क्लांत;
आदि से अंत तक

केवल अतुकान्त;
श्रीमान्
श्रीयुत्
श्री श्री श्री लक्ष्मीकांत…

सर्वेश्वरदयाल सक्सेना से खाक़सार की कभी नहीं बनी मगर हम दोनों एक-दूसरे की रचनाओं के बराबर प्रेमी रहे। उनमें शक्ति भी थी और बेकार का दीर्घसूत्री अहंकार भी था। उनकी कुछ व्यंग्य-कविताएं इस प्रकार हैं :

दंगे के बाद

जिसे तुम मन्दिरों में मस्जिदों में
चिड़ियाघर में खूँख्वार जानवर सा
ठंडे गोश्त की तरह चबाते हो :
एक ग़लीज़ मुख में
ईश्वर का नाम
झिंझोड़े ठंडे गोश्त सा :
ऐसा होता क्यों है ?
धर्मग्रंथ छू कर भी
किसी आदमी के हाथ
जंगली जानवर के पंजे में बदल जाते हैं
ज़हरीले नाखूनों से वह
नोचने लगता है
इंसान की सूरत…

गरीबी हटाओ

'गरीबी हटाओ' सुनते ही

वे एक बहुत बड़ी रोटी बेलने लगे
काफ़ी बेल लेने के बाद
उन्हें पता चला कि तवे छोटे हैं
और चूल्हे नदारद
फिर वे हाथ पर हाथ रख कर बैठ गए
आटे में जब लग गई फफूँद
तब वे उससे ऐसी दवा तैयार करने की सोचने लगे
जिससे कि भूख मिटे

यह मेरा सौभाग्य है कि बच्चन जी की मुझ पर कृपादृष्टि रही। अपनी 'मधुशालीन' और रोमांटिक कविताओं के साथ-साथ उन्होंने कभी-कभी उत्कृष्ट व्यंग्य-कविताएं भी लिखी हैं। नमूना हाज़िर है :

सन् 2069 में हिंदी पाठक

बड़ा दुख
दुर्भाग्य बड़ा
इस कवि का मात्र अभिनंदन-ग्रंथ ही मिला।
कोई पुस्तक नहीं
किसी भी पुस्तकागार या अभिलेखागार में,
और किसी को याद नहीं
दो चार पंक्तियाँ भी
इस कवि की।
कितने नकली, कितने छिछले
गलत मूल्यों का होगा युग वह—
सब कुछ मिलेगा
नहीं मिलेगी कवि की कविता

एक लोकगीत की धुन पर

आज महँगा है सैंया रुपैया
रोटी न महँगी
लहँगा न महँगा
महँगा है सैंया रुपैया
गांधी न नेता
जवाहर न नेता
नेता है सैंया रुपैया

बहुत दिनों पहले कभी मैंने भारतभूषण अग्रवाल की 'गीत की खोज' नाम की एक रचना पढ़ी थी । उसको पढ़ते ही मैं उनके दर्शन करने को उत्सुक हो उठा था । काफ़ी वर्षों बाद दिल्ली में भेंट हुई । पहली मुलाकात ही में ऐसा लगा जैसे कि हम एक-दूसरे को वर्षों से जानते हों । इतना सरल, इतना निश्छल और इतना खुशमिज़ाज आदमी देखने को फिर नहीं मिला । मेरी अंतिम भेंट उनसे अशोका होटल में हुई थी जहां काफ़ी लोग् राष्ट्रपति का कोई भाषण सुनने गए थे । वहीं मैंने अपने लड़के का उनसे परिचय करवाया था जिसे उन्होंने बड़े प्यार से शाबाशी दी थी । यूं तो उनकी काफ़ी हास्य-कविताएं 'काग़ज़ के फूल' नाम की किताब में छपीं पर उनकी ज़्यादा मार्मिक कविताएं उस पुस्तक के बाहर हैं जिनमें से कुछ मैं यहां देता हूं :

कनाट-प्लेस

गाड़ियों की गड़गड़ाहट
साड़ियों की सरसराहट
नाड़ियों की हरहराहट

अनुपस्थित लोग

ये बेयरे, ये वेटर
चाभीदार खिलौनों से
चलते, झुकते या थमते हैं
ये सब के सब
यहाँ नहीं कहीं और हैं :
लजाओ मत !

सामने बैठा बाबू
'बास' के किस्से सुना रहा है
वह यहाँ नहीं, दफ़्तर में है :
चारों तरफ़ के ये अनगिनत लोग
अपने दफ़्तरों को साथ लिए
खाते पीते, सोते जागते, हँसते रोते हैं
इन्हें जो दफ़्तरों से मुक्ति दे—
वह दफ़्तर अभी नहीं खुला
और ये कामरेड ?
ये यहाँ नहीं
ये चीन या रूस में हैं;
ये जर्नलिस्ट
किसी व्री. आई. पी. कांफ्रेंस में हैं;
ये प्रोफ़ेसर
टैक्स्ट-बुक कमेटी में हैं
ये बिज़िनेस-मैन
इंकम-टैक्स के वकील के यहाँ हैं,
ये संसत्सदस्य

अभिनंदन समारोह में हैं,
और ये शोख़ कुमारी
जिसका पल्लू रह रह लहराता है
सिनेमाघर में है···

लजाओ मत सुन्दरि,
तुम, मैं
तुम और मैं
और यहाँ कौन है ?

विदेह

और तब धीरे-धीरे ज्ञान हुआ
भूल से मैं सिर छोड़ आया हूँ दफ़्तर में
हाथ बस में टँगे रह गए
आँखें उलझी रह गईं फाइलों में
मुँह टेलीफ़ोन से चिपटा होगा
और पैर—हो न हो क्यू में ही रह गए
तभी तो मैं आज घर आया हूँ
एकदम विदेह···

सच्चाई

मेनका अस्पताल में नर्स हो गई
विश्वामित्र करने लगे ट्यूशन
उर्वशी ने डांस-स्कूल खोल लिया
नारद बजाने लगे गिटार
और बृहस्पति करने लगे अंग्रेज़ी से अनुवाद

भवानीप्रसाद मिश्र—जैसा कि मैंने उन्हें पाया—एकदम निश्छल, बच्चों की भांति सरल और स्नेह व आत्मीयता से परिपूर्ण व्यक्ति थे। मैं उनसे कई बार मिला। उन्हीं की भांति उनकी कविता भी एकदम स्वाभाविक और अकृत्रिम होती थी। नए कवियों में वे शायद अकेले ऐसे व्यक्ति थे जो गंभीर पाठकों द्वारा भी मनोयोग से पढ़े जाते थे और विशाल जनसमारोहों में भी तन्मयता के साथ सुने जाते थे। "कवि, कविता और पाठक के बीच वैसी आत्मीयता किसी दूसरे हिंदी कवि को नहीं प्राप्त हुई। और लोगों की कविता हर वक़्त कविता बनी रहती है। लोग या तो मुग्ध होकर झूमते हैं या फिर वाह-वाह करते हैं। भवानी भाई की कविता में लोग होते ही नहीं, वे स्वयं कवि हो चुकते हैं। यही उनका अपनापन है कि कवि और श्रोता का भेद समाप्त हो जाता है।" 'गीत फ़रोश' उनकी सर्वश्रेष्ठ कविता है; इसमें इस देश के साहित्यकार की दयनीयता भी उभरकर सामने आती है और उन लोगों का मुखौटा भी हटता है जो हर बड़े आदमी के दरबारी बनते हैं, विदेशों का दौरा करते हैं, साहित्य अकादमी वगैरा से पुरस्कार पाते हैं और बिना किसी विशिष्टता के राजकीय सम्मान और उपाधियां बटोरते हैं। लीजिए अब आप सचेत होकर बैठिए और उनकी उस कालजयी कविता को सुनिए :

गीत फ़रोश

जी हाँ हुज़ूर, मैं गीत बेचता हूँ
मैं तरह तरह के गीत बेचता हूँ
मैं किसिम किसिम के गीत बेचता हूँ

जी, माल देखिए, दाम बताऊँगा
बेकाम नहीं हैं, काम बताऊँगा
कुछ गीत लिखे हैं मस्ती में मैंने

कुछ गीत लिखे हैं पस्ती में मैंने
यह गीत सख़्त सिर दर्द भुलाएगा
यह गीत पिया को पास बुलाएगा

जी, पहले कुछ दिन शर्म लगी मुझको
और बाद बाद में अकल जगी मुझको
जी, लोगों ने तो बेच दिए ईमान
जी, आप न हों सुन कर ज़्यादा हैरान
मैं सोच समझ कर आख़िर
अपने गीत बेचता हूँ
जी हाँ हुज़ूर, मैं गीत बेचता हूँ
मैं किसिम किसिम के गीत बेचता हूँ

यह गीत सुबह का है, गा कर देखें
यह गीत ग़ज़ब का है, ढा कर देखें
यह गीत ज़रा सूने में लिखा था
यह गीत वहाँ पूने में लिखा था
यह गीत पहाड़ी पर चढ़ जाता है
यह गीत बढ़ाए से बढ़ जाता है
यह गीत भूख और प्यास भगाता है
जी, यह मसान में भूत जगाता है
यह गीत भुवाली की है हवा हुज़ूर
यह गीत तपेदिक की है दवा हुज़ूर
जी, और गीत भी हैं; दिखलाता हूँ
जी, सुनना चाहें आप तो मैं अब गाता हूँ

जी छंद और बेछंद पसंद करें

जो अमर गीत हों और वे जो तुरत मरें
ना, बुरा मानने की इसमें क्या बात
मैं ले आता हूँ क़लम और दावात
इनमें से भाये नहीं, नए लिख दूँ
जी नए चाहिए नहीं, गए लिख दूँ
मैं नए पुराने सभी तरह के
गीत बेचता हूँ
जी हाँ हुजूर मैं गीत बेचता हूँ
मैं किसिम किसिम के गीत बेचता हूँ

मैं गीत जनम का लिखूँ, मरण का लिखूँ
मैं गीत जीत का लिखूँ, शरण का लिखूँ
यह गीत रेशमी है, यह खादी का
यह गीत पित्त का है, यह बादी का
कुछ और डिज़ाइन भी हैं, यह इलमी
ये लीजे चलती चीज़, नयी फ़िल्मी
यह सोच सोच कर मर जाने का गीत
यह है दुकान से घर जाने का गीत

जी नहीं, दिल्लगी की इसमें क्या बात
मैं लिखता ही तो रहता हूँ दिन रात
जी, तरह तरह के बन जाते हैं गीत
जी, रूठ रूठ कर मन जाते हैं गीत
जी, बहुत ढेर लग गया, हटाता हूँ
गाहक की मर्ज़ी ऐसी तो मैं जाता हूँ
या भीतर जाकर पूछ आइए आप
है गीत बेचना वैसे बिल्कुल पाप

क्या करूँ मगर लाचार
हार कर गीत बेचता हूँ :
जी हाँ हुज़ूर मैं गीत बेचता हूँ
मैं तरह तरह के गीत बेचता हूँ
मैं किसिम किसिम के गीत बेचता हूँ...

हंसों की वाणी इतनी देर सुनने के बाद यदि थोड़ी-सी वाणी बगुले की भी सुन ली जाए तो शायद वह आपको उतनी बुरी नहीं लगेगी। मेरा अभिप्राय एक कविता अपनी सुनाने से है जिसे आप सहन कर लें। यह कविता बच्चन जी को पसन्द आई और उन्होंने इसे अपने द्वारा संपादित 'हिंदी की प्रतिनिधि श्रेष्ठ कविताएँ' नामक संग्रह में शामिल किया। कविता इस प्रकार है :

अंधा पड़ाव

ड्राइंग रूम में वह नहीं आया
उसके चमचमाते जूते आए,
जब मिलाया उसने हाथ
मुलाकात रह गई दस्तानों तक,
जब वह बैठा सोफ़े पर
तो उसकी जगह एक शानदार सूट वहाँ बैठ गया,
कफ़ों ने पकड़ा काफ़ी का कप
टाई और कालर ने ब्रेकफ़ास्ट किया,
उसके होंठ नहीं हँसे बिल्कुल
सिर्फ़ उसकी सिगरेट चमकी

विदा की जगह हिलता रहा रूमाल :
वह नहीं निकला पोर्च के बाहर

सिर्फ़ उसकी मोटर निकली...

ऊपर जो दर्दभरी व्यंग्य-कविताएं मैंने प्रस्तुत की हैं, उनके रचनाकारों को जो तनाव, यातना और दुख सहना पड़ा होगा, उसका अनुमान लगाना कठिन है। यहां मैं, जैसी कि मेरी आदत है, आपकी खिदमत में एक शेर पेश करता हूं जो सारी स्थिति का पर्दाफ़ाश करता है :

जो तार से निकली है, वह धुन सबने सुनी है
जो साज़ पे गुजरी है, वो किस दिल को पता है ? ●

आस-पास

साहित्य जो होता है वह समाज का दर्पण होता है। यही वह कारण है जिसकी वजह से लेखक लोग जो होते हैं वे समाज से [और किसी-किसी स्थिति में आर्यसमाज से] स्नेह रखते हैं। मैं भी एक "सामाजिक पशु" (प्लैटो) हूं और इस संदर्भ में मैं आज उन नरपुंगवों की चर्चा करूंगा जिनके बीच मैं रहता हूं।

मेरे मकान के ऊपरी तल्ले में एक सज्जन रहते हैं जोकि जन्मजात कवि हैं। जन्म के समय भी जो विलाप इन्होंने किया था वह भी विलाप और रतिविलाप की भांति 'वैतालीय' छंद में ही किया था। पिछले कई वर्षों से ये इस इलाके के कवि-सम्मेलनों के प्राण हैं। अगर कोई संयोजक इन्हें आमंत्रित नहीं करता तो स्थिति यह होती है कि यह महाशय उनका कवि-सम्मेलन ही नहीं होने देते। इनका कंठ कुछ ऐसा है कि जब ये शृंगार रस की कविता पढ़ते हैं तो पंडाल में वीररस का वातावरण छा जाता है और जब ये वीररस का काव्यपाठ करते हैं तो वह शुद्ध करुण रस का मज़ा दे देता है। कविता जो पढ़ते हैं वह प्रायः किसी दूसरे की होती है। चरित्रवान् इतने हैं कि यदि असली कवि भी सामने बैठा हो तब भी उसकी कविता अपने नाम से पढ़ते हुए इन्हें संकोच नहीं होता। पहले दर्जे का किराया लेते हैं और सफ़र जो होता है वह प्रायः मालगाड़ी से संपन्न करते हैं। काफ़ी बेतकल्लुफ़ हैं और मदिरा का सेवन खुलेआम करते हैं। दूसरों की माता को अपनी पत्नी का स्थान देने के सिलसिले में प्रायः पिटते भी रहते हैं। क्योंकि ये मेरे मकान के ही एक हिस्से में रहते

हैं, मुझे इनके काव्य को पूरी तरह सुनना एक भौगोलिक विवशता है जिसका कि एक अलग इतिहास है। महाकाव्य का पुलिंदा ले आते हैं और चाबी के खिलौने की भांति शुरू हो जाते हैं। काव्यपाठ करते समय इनकी आंखें मिच जाती हैं और मौक़ा पाते ही मैं अपने घर से खिसक जाता हूं। जहां तक इनका प्रश्न है, ये तो महाकवि दाग़ के वंशज हैं। जहां बैठ गए, बैठ गए। आम पब्लिक के दिमाग़ में एक कलाकार का जो ख़ाक़ा होता है, ये उसकी जीती-जागती तस्वीर पेश करते आए।

बराबर के मकान में एक गृहस्थ रहता है जोकि सचमुच में पलायनवादी कहा जा सकता है। पति महोदय जो हैं वे ब्राह्म मुहूर्त में अपने कुत्ते के साथ भागते हैं और बाकी वक़्त जो बचता है उसमें इनकी लड़कियां लड़कों के साथ भागती रहती हैं। पलायनवाद की यह परंपरा इनके यहां काफ़ी पुरानी है क्योंकि पति महोदय की जो पत्नी है, उसे भी वे भगाकर ही लाए थे। इनका सारा का सारा परिवार एकदम क्रियाशील है और घर का कोई भी व्यक्ति हाथ पर हाथ रखकर बैठना पसंद नहीं करता। अगली पीढ़ी भी काफ़ी होनहार है क्योंकि उस दिन मैंने देखा कि इन्हीं का एक छोटा-सा कुलदीपक बच्चागाड़ी में ही बैठा-बैठा हुआ अपनी आया को भागने की सलाह दे रहा था। हां, अलबत्ता उनकी जो पत्नी हैं वे अब स्थिर हो गई हैं और उसका कारण है उनका बीमार रहना। सच्चाई यह है कि इनका इलाज करते-करते कई डाक्टर खुद परलोक सिधार गए मगर ये हैं कि सारी बीमारियों के बावजूद अभी भी पूरी मात्रा में विराजमान हैं। 'अश्क' जी की भांति दुनिया की कोई ऐसी बीमारी नहीं जो इन्हें न हुई हो और सरकारी अस्पताल में ऐसा कोई डाक्टर या नर्स नहीं है जिससे इनकी हाथापाई न हुई हो। देखने-भालने में काफ़ी विशालकाय हैं और आम सेहत का आदमी तो इनके साथ युद्ध करने की सोच भी नहीं सकता। घटोत्कच या कुंभकर्ण का साक्षात् स्त्री-संस्करण। मैं तो जब कभी मिलता हूं दूर से ही प्रणाम कर

लेता हूं और रास्ता छोड़ देता हूं। पिछली बार मिली थीं तो बता रही थीं कि उन्हें अब तक कोई पचीस बार तो दिल का दौरा पड़ चुका है। हम सुनते हैं और चुप रहते हैं। हम ज़ानते हैं कि दिल का दौरा हमारी किस्मत में नहीं है। कारण यह है कि बरसों पहले हमारा दिल एक खूबसूरत लड़की ने ले लिया था जो उसने कभी नहीं लौटाया। लड़की क्या थी, एकदम क्लॉक-रूम थी। न जाने कितने दिल उसकी हिफ़ाज़त में थे, हैं, और रहेंगे।

सामने के मकान में एक शिकारी किस्म के इंसान रहते हैं। बंदूक उठाई और चल पड़े शेर का शिकार करने। वैसे खुदा गवाह है कि सिवाय मेंढक और चंद चूहों के, इन्होंने सृष्टि के किसी भी प्राणी को कभी कोई क्षति नहीं पहुंचाई। जब शिकार पर जंगल नहीं जाते, तो ये अपना धंधा बस्ती में ही शुरू कर देते हैं। जिस किसी लड़की को देखा, लगे उससे इश्क करने। प्रायः यह प्रेम एकतरफ़ा और पवित्र ही रहता है क्योंकि बीच-बीच में ये पिटते भी रहते हैं। अहिंसावादी प्रेमी हैं, खुद कभी किसी को नहीं पीटते। एक बार अस्पताल जो गए तो अवधि पूरी होने से पूर्व ही वहां से बाइज़्ज़त बाहर निकाल दिए गए। हालत यह हो गई थी कि डाक्टरनी, नर्स, पास के बिस्तर पर लेटी युवती और उसकी अम्मां—इन चारों से उन्होंने एक साथ ही प्रेम करना शुरू कर दिया था। इश्क और शिकार से जो समय बचता है उसमें ये बीमा करने का काम करते हैं। खुदा गवाह है कि इन्होंने जिस किसी का भी बीमा किया वह छः महीने के भीतर ही परलोक सिधार गया। कम से कम प्रीमियम देने के बावजूद, लोगों के परिवारों को लाखों रुपए मिले।

इनसे ज़रा हटकर एक दूसरे सज्जन रहते हैं जो सपरिवार राष्ट्र की सेवा में समर्पित हैं। एक लड़का जनसंघ में है तो दूसरा लड़का कम्युनिस्ट पार्टी का मेंबर है। खुद नई कांग्रेस में हैं और पत्नी जो है वह पुरानी कांग्रेस में है। विभिन्न राजनीतिक पार्टियों के सह-अस्तित्व की इससे बेहतर मिसाल और कहीं नहीं मिल सकती। हकूमत किसी

भी पार्टी की हो, इनकी सब तरफ़ चांदी ही चांदी है। प्रायः मेरे यहां आ जाते हैं और एक-दो घंटे का छोटा-सा भाषण दे जाते हैं। राष्ट्र के प्रति इनका जो पारिवारिक प्रेम है वह बेजोड़ है। उसे देखकर वाणी के नयन और नयनों के वाणी नहीं रहती। बिना कुछ किए-धरे लखपति हो गए। जो कुछ भी करते हैं वह रचनात्मक ही होता है। मेरे ख़याल से इन्हें प्रदेश का मुख्यमंत्री होना चाहिए। जो आदमी खुद को इतना अमीर बना सकता है, वह क्या राष्ट्र को अमीर नहीं बना सकता ?

मेरे मकान से थोड़ा-सा बचकर एक सरकारी अफ़सर का बंगला है। रिश्वत लेने की प्रथा को ये सज्जन, कला और विज्ञान—दोनों रूपों में ग्रहण करते हैं। सरकार कोई भी हो, इनकी प्रगति को कोई नहीं रोक सकता। तराई में फ़ार्म है, शहरों में प्लाट हैं और न जाने किस-किस धंधे में इनकी पवित्र पूंजी लगी है। शराब छूते तक नहीं, पर-स्त्री को माता क्या दादी समझते हैं और शायद ही ऐसा कोई धार्मिक संगठन हो जिससे ये संबंधित न हों। दोनों वक़्त पूजा होती है, सत्यनारायण की कथा करवाई जाती है और यथाशक्ति सबके काम भी आते हैं। दूसरे शब्दों में सिवाय रिश्वत के और कुछ भी वर्णन करने लायक नहीं है। हां, रिश्वतरूपी लक्ष्मी जो है, वह निरंतर इनकी सेवा में आती चली जा रही है और आती लक्ष्मी को ठोकर मारना कहां की शराफ़त है ? अरे अगर लक्ष्मीरूपी बाई आना ही चाहती है, तो आने दो। लक्ष्मी भी तो बहादुरों के पास ही आती है, मेरे और आप-जैसे कायरों के पास नहीं। अगर कभी फंस भी गए तो भी कोई चिंता नहीं। रिश्वत का कुछ हिस्सा पुलिसवालों को दे दिया जाएगा और छुट्टी। जिस प्रकार लोहे को लोहा काटता है, उसी प्रकार रिश्वत जो है, उसकी रक्षा भी रिश्वत ही करती है। ऐसा शायद सदा से होता आया।

रचना काफ़ी लंबी हो गई। बाकी महल्लेदारों की कथा फिर कभी सुनाऊंगा। बहरहाल मुझे इन सबसे सच्ची हमदर्दी है। जो व्यक्ति अपने पड़ौसी से प्रेम नहीं करता वह भला भगवान् से क्या प्रेम करेगा ? ●

आनेवाला कल

पिछले दिनों एक प्रख्यात सिने-कलाकार के बारे में कुछ शिक्षाप्रद साहित्य पढ़ा और उनके चित्र भी देखे। मेरे ख़याल में ये हनुमान जी के पहले ऐसे भक्त थे जो देखने-भालने में खुद भी हनुमान जी ही लगते थे। एकदम वही डीलडौल, वही रूप और वही मुद्रा। भक्त और भगवान् का अंतर एकदम समाप्त। पूंछ भी ज़रूर रही होगी, यह दीगर बात है कि फ़ोटो में वह नहीं आ पाई। इस कलाकार ने अपने गले में इतनी मालाएं, इतने रुद्राक्ष, मूर्तियां और पत्थर और इतने ताबीज़ और गंडे पहन रखे थे कि इन विभिन्न पदार्थों का वज़न इनके निजी वज़न से कहीं ज़्यादा ही रहा होगा। पता नहीं इतना भार ये ढोते कैसे होंगे ? मगर शायद वही शायर की पुरानी बात कि—मालगाड़ी पै जिन्हें भरोसा है अकबर, उनको क्या ग़म है गुनाहों की गरांबारी का। ये जो गंडे और ताबीज़ किस्म की चीज़ें इन्होंने अपनी नश्वर देह पर धारण कर रखी थीं ये इसलिए थीं कि इनका भविष्य जो है वह सुरक्षित और मंगलमय रहे। बात भी ठीक है। भविष्य की चिंता किसे नहीं होती ? भविष्य के लिए अपना वर्तमान किसने नहीं बरबाद किया ?

इतिहास ने न जाने कितने व्यायाम और योगाभ्यास किए पर यह जो 'काल' नाम' का पदार्थ है, इस पर उनका कोई प्रभाव नहीं पड़ा। कालों का अकाल कभी नहीं पड़ा। भूतकाल और ज़्यादा भूत होता गया, वर्तमान काल सदा आपकी सेवा के लिए आपके सामने प्रस्तुत रहा और भविष्यकाल सदा उतना ही अनिश्चित रहा जितना की वह

पहले था । उसके इस अनिश्चित होने ही ने ज्योतिष, तंत्र-मंत्र और पूजापाठ को जन्म दिया । सच तो यह है कि सृष्टि की उत्पत्ति यदि ईश्वर ने की तो ईश्वर की उत्पत्ति भविष्यकाल के कारण हुई । न भविष्य अनिश्चित होता और न भगवान् निश्चित किए जाते । पुराने नीतिकारों ने "कालाय तस्मै नमः" कहकर बार-बार जो दंडवत की है वह केवल भविष्यकाल की ही की है । इस बात में जो शंका करते हैं वे नास्तिक हैं । मेरी हार्दिक इच्छा है कि उनका भविष्य नितांत अंधकारमय हो ।

आनेवाले कल को जानने के लिए बड़े-बड़े वीर और सूरमा पुरुषों ने पंडितों और साधुसंतों को अपने हाथ दिखाए और बड़ी-बड़ी कुलवन्ती सुंदरियों ने पीरों और फ़कीरों के सामने हाथ ही क्या, अपने बाकी अंग भी प्रस्तुत किए । बड़े-बड़े ज्ञानियों ने अपना भविष्य जानने के लिए औघड़ बाबा की लंगोटी धोई और बड़े-बड़े नास्तिकों ने अपनी चहेतियों से निकट संपर्क स्थापित करने के लिए वशीकरण अंगूठियां पहनीं । और हालांकि पुरुषों की अपेक्षा स्त्रियों का भविष्य सदा से ज़्यादा निश्चित रहा पर फिर भी भविष्य के प्रति उनकी जिज्ञासा कहीं ज़्यादा रही । बात पूजापाठ से आरंभ हुई और गंडे-ताबीज़, ज्योतिष, जंत्र-मंत्र और न जाने क्या-क्या नदी-नाले पार करती हुई नरबलि तक पहुंच गई । मेरे ज़िले में अभी भी विश्वास किया जाता है कि यदि कोई पतिव्रता सात गांवों में अग्निकांड संपन्न कर दे तो वह बिना पति के भी बच्चा दे सकती है । अब ऐसे पवित्र विश्वास को क्या कहिए ? इस सादगी पर कौन नहीं कुर्बान जाएगा ?

जैसे 'इश्क' दो किस्म का होता है—इश्के मजाज़ी और इश्के हक़ीक़ी [समयाभाव के कारण मुझे केवल पहले का ही अनुभव रहा], ठीक वैसे ही ज्योतिष भी दो तरह की होती है—फलित ज्योतिष और गणित ज्योतिष । गणित ज्योतिष में दाढ़ीवाले पंडित जी स्लेट पर तीन घंटे हिसाब लगाते हैं, पत्रापत्री देखते हैं, अपनी अंगुलियों के निशान

गिनते हैं और फिर बड़े विश्वास के साथ बताते हैं कि आगामी छः महीने की अवधि में पुत्र का योग है या कि पुत्री का। और जब प्रश्न करनेवाली कन्या कहती है कि पुत्र और पुत्री का योग तो बाद में बताना, फ़िलहाल यह बताइए कि पति का योग भी है कि नहीं, तो ये बेचारे स्लेट के सहारे फिर व्यायाम करने लगते हैं। फलित ज्योतिष में ऐसा कुछ नहीं होता। वहां तो इधर ब्रह्मचारी जी ने कन्या का चांद-सा मुखड़ा देखा और उधर भविष्यवाणी कर दी के यदि वह उनके बताए मार्ग पर चलेगी तो अखंड सौभाग्यवती रहेगी। न जाने कितनी भोली लड़कियां ब्रह्मचारी जी के बताए मार्ग पर चलीं और कोठों पर पहुंच गईं जहां वे इतने सुख से रहीं जितना कि कोठियों तक में नहीं मिल सकता था। इस संदर्भ में दीवान जरमनीदास ने अपनी किताब 'महाराजा' में बनारस के एक संत का बड़ा दिलचस्प किस्सा दर्ज किया है। और हां, यूरोप में तो इधर उरोज देखकर भविष्य बताने की प्रथा चली हैं जो पता नहीं क्यों, मुझे बहुत वैज्ञानिक व तर्कसंगत लगती है। आशा है, धीरे-धीरे यह प्रथा हमारे देश में भी आएगी। पश्चिम में जो कुछ भी श्रेष्ठ साबित हुआ है, वह हमें यहां भी ग्रहण करना चाहिए। इंशाअल्लाह, मैं तो उसे दोनों हाथों से ग्रहण करूंगा।

ज्योतिष का शौक एक बार ख़ाकसार को भी हुआ था। एक बार एक ऐसी नाज़नीन मिली कि उसके लिए ज्योतिष क्या, किसी भी चीज़ का रिस्क मोल लिया जा सकता था। जो बात कभी महाकवि अकबर ने इलाहाबाद के मैदानों पर कही थी, वही बात रानीखेत के पहाड़ों पर सच साबित हो गई : मुमकिन नहीं अब मिस तेरा नोटिस न लिया जाय, गाल परीज़ाद हों और 'किस' न लिया जाय। जहां न जाने कितने ज्ञानी और मतिमान् पुरुष लड़कियों के पीछे कापालिक हो गए, वहां उस बालिका के हेतु मैं 'हस्तरेखाविशारद्' हो गया। पहले मैंने उसके हाथ देखे, फिर कलाइयां देखीं, और इसके बाद चंद दीगर हिस्सों को पार करता हुआ मैं उसके मुख को देखने लगा। एकदम चांद था। वह अपने भविष्य को

लेकर चिंतित थी पर मैं जो था वह उसके वर्तमान से ही संतुष्ट था। ख़ैर, जब मैं उसकी मुलायम-मुलायम हथेलियां सहला रहा था तो उसके पति ने हमें देख लिया। पता नहीं क्यों, उस मुच्छड़ को ज्योतिषशास्त्र से नफ़रत थी और उसके स्थान पर शॉटगन से प्यार था। बहरहाल ज्योतिष फलित निकला क्योंकि इसका फल मुझे अगले दिन ही मिल गया। चंद भविष्यवाणियां करने के बाद मैं 'जो हिनहिनाया है आज इतना, तो लीद भी कर'—की तर्ज़ पर जैसे ही अपना पारिश्रमिक मांगने की स्थिति में पहुंचा और जैसे ही मैं 'चंदा वसूल होता है साहब दबाव में' वाले मंत्र पर अमल करने जा रहा था वैसे ही उस कन्या के उस मुच्छड़ और नास्तिक पतिदेव ने मुझे डाकबंगले के पीछेवाली हज़ारों फ़ीट गहरी घाटी दिखाई और यह सूचना भी दी कि रात के वक़्त हाथ-पैर बांधकर वे मुझे वहां निःशुल्क फेंकना चाहते हैं। उनकी उदारता देखकर आंखों में आंसू आ गए। हिंसा से हमें सदा से नफ़रत रही और इसी कारण हम अगले ही दिन 'मेरी जां लुट गया मैं तो तुम्हारा मेहमां होकर' वाली ग़ज़ल याद करते हुए रानीखेत से वापिस चले आए।

मैंने तो रानीखेत छोड़ दिया पर लोगों ने ज्योतिष कभी नहीं छोड़ी। संसार के न जाने कितने महान युद्ध ज्योतिष के आधार पर ही लड़े गए और न जाने कितने परिवारों में भी गृहयुद्ध की स्थिति मात्र इसी कारण रही क्योंकि लड़के और लड़की की जन्मपत्रियां जो थीं, वे ठीक प्रकार नहीं मिलाई गई थीं। जन्मपत्रियां यदि भली प्रकार मिलाई जातीं तो दोनों प्राणी उसी भांति सुख से रहते जैसे राम और सीता रहे थे। गृहयुद्ध की चर्चा से मुझे याद आया कि वियतनाम के युद्ध के पीछे भी ज्योतिष का हाथ रहा; इधर चंद ज्योतिषियों ने चंद हिसाब लगाए और उधर लाखों बेगुनाह अपनी जान से गए और वह भी हमेशा के लिए। सिकंदर, जूलियस सीज़र और बाबर—इनकी मृत्यु ठीक उसी तरह हुई जैसे कि ज्योतिषियों ने बताई थी और बाकी कुछ लोगों के संदर्भ में तो हत्या भी ज्योतिषियों

ने ख़ुद ही की। प्राचीन यूनान के एक मंदिर की पुजारिनें लोगों का भविष्य कभी ठीक उसी भांति निश्चित किया करती थीं जैसे इन दिनों सामने के कालेज की लड़कियां करती हैं। नास्त्रेदाम् की भांति भविष्यवाणी करने की प्रेरणा इन बालिकाओं को भी देवदूतों से ही मिलती है; यह दीगर बात है कि उन देवदूतों में से कुछ माल रोड पर ही रहते हैं। कीरो एक बहुत बड़ा हाथ देखनेवाला व्यक्ति था हालांकि धोखाधड़ी के अपराध में उसे एक बार डेढ़ वर्ष की सजा हुई थी। क्लियोपेट्रा तथा हेनरी तृतीय जैसे बड़े लोग भविष्य की घटनाओं का संकेत कभी-कभी अपने सपनों में पाते थे। सपना वाकई कभी-कभी बड़ा निश्चित संकेत देता है, ख़ासकर तब जबकि वह किसी लड़की का नाम हो। एक ऐसी रूपवती लड़की को मैं भी जानता हूं। जिस प्रकार यूरोप की एक कन्या को भविष्य का पता अपने जूते देखकर लगता था ठीक उसी प्रकार आस-पास के क्षेत्र के नौजवानों का भविष्य बताने में इस शोख़ लड़की के बाप के जूते ने वर्षों तक काफ़ी जिम्मेदारी से काम किया।

एक विश्वविख्यात महिला थी जिसने चार वर्ष की आयु से ही भविष्यवाणी करना प्रारंभ कर दिया था। ख़ैर, ख़ाकसार इतना बड़ा जीनियस तो कभी नहीं रहा पर इतना सच है कि साढ़े-चार बरस की उम्र से मैं भी भविष्यवाणियां करने लगा था और वे भी ऐसी भविष्यवाणियां जो कभी ग़लत नहीं गईं। 'सादा जीवन उच्च विचार' वाले सिद्धांत को ध्यान में रखते हुए 'ऐन कैली' तो प्याज़ के टुकड़ों की सहायता से यह क्रिया संपन्न किया करती थी पर मैं था कि प्याज़ का सहारा भी कभी नहीं लेता था। मैं तो बिना किसी बाहरी या आंतरिक सहायता के पांच वर्ष की आयु में ही यह बताने की स्थिति में आ गया था कि यदि कोई शोख़ लड़की आज दस वर्ष की है तो अगर वह जिंदा रही तो छः साल बाद जवान बनेगी और गज़ब की हसीन जवान बनेगी। वैसा होने से उसका मुच्छड़ बाप भी उसे रोक नहीं सकेगा। ●

कुछ डाक्टरों की याद में

डाक्टरी और साहित्य का संबंध बड़ा घनिष्ठ व पुराना है। ओलिवर गोल्डस्मिथ, सर आर्थर कानन डॉयल, चेख़व व सामरसेट माम पेशे से डाक्टर ही थे। हमारे यहां तो स्थिति इतनी नाजुक हो गई थी कि आयुर्वेद के सबसे बड़े ज्ञाता को 'कविराज' ही कहकर पुकारा जाता था। दवाइयों के नाम भी बड़े ललित होते थे, जैसे चंद्रप्रभा गुटिका, कुमारी आसव, मकरध्वज, स्वर्णपर्पटी, चिंतामणि इत्यादि-इत्यादि। मैं स्वयं तो डाक्टर नहीं बना पर मेरे पिताश्री अवश्य एक योग्य चिकित्सक थे। हसीन बेवाओं के इलाज में तो उन्हें कमाल हासिल था। कई हसीना तो ऐसी थीं जो उन्हीं की कृपा से बेवा हुई थीं ताकि उनकी प्राकृतिक चिकित्सा बिना किसी संकोच के चल सके। हिम्मते मर्दां, मददे ख़ुदा।

अपने संस्मरण लिखने से पूर्व मैं डाक्टरों के बारे में कुछ सामान्य तथ्य आपके सम्मुख रखना चाहूंगा। कुछ डाक्टर ऐसे होते हैं जिनका निदान ग़लत होता है। वे इलाज करते हैं निमानिये का और मरीज़ जो मरता है वह दिल के दौरे से मरता है। कुछ डाक्टरों का निदान कभी ग़लत नहीं होता; वे यदि निमोनिये का इलाज करते हैं तो मरीज़ निमोनिये से ही मरता है। तीसरी किस्म के अनुभवी डाक्टर वे हैं जो मात्र इलाज ही करते है; मरीज़ को क्या बीमारी थी—इसका पता शवपरीक्षा से ही लगता है, उससे पहले नहीं। कुछ डाक्टर इतने भावुक होते हैं कि उनकी चिकित्सा से रूपवती रमणियां कभी भी निरोग नहीं

होतीं। एक डाक्टर की कब्र पर लिखा था—डाक्टर भीतर हैं, आप बैठिए और अपनी बारी आने की प्रतीक्षा कीजिए। एक रोगी ऐसा था कि बीमार होते ही डाक्टर बुलवाता था क्योंकि उसे भी ज़िंदा रखना था, फिर वह कैमिस्ट से दवाइयां मंगवाता था क्योंकि उसे भी जिंदा रखना था और दवाइयां आ जाने पर वह उन्हें नाली में फेंक देता था क्योंकि वह अपने को भी ज़िंदा रखना चाहता था। बड़ा डाक्टर वह है जो अपना नुस्ख़ा इस तरह लिखता है जिसे कोई न पढ़ सके, पर वह अपना बिल इतना साफ़ लिखता है कि उसे सब कोई निरक्षर होने पर भी सरलता से पढ़ सकें। एक डाक्टर ने नुस्ख़ा कुछ ऐसी सांकेतिक भाषा में लिखा कि रुग्णा युवती का कैमिस्ट ही उसे पढ़ पाया। ठीक होने के बाद उस युवती ने उस नुस्ख़े के आधार पर शास्त्रीय संगीत सीखा और उसके बाद वह उस नुस्ख़े को रेल में मुफ़्त यात्रा करने के लिए दिए गए आज्ञापत्र के स्थान पर वर्षों तक प्रयोग करती रही। नौसेना के एक नितांत नए अधिकारी ने बीमार पड़ने पर जहाज़ के डाक्टर से कहा था कि कृपा करके इतना ध्यान अवश्य रखिए कि मैंने जलसेना में नौकरी इस दुनिया को देखने के लिए की है, दूसरी दुनिया देखने के लिए नहीं। कुछ डाक्टर हैं जो दोनों गोलार्द्धों की सुंदर स्त्रियों को टोस्ट प्रस्तुत करते हैं और कुछ डाक्टर ऐसे हैं कि सुंदर स्त्रियों के दोनों गोलार्द्धों को टोस्ट पेश किया करते हैं। कुछ डाक्टर इतने व्यस्त रहते हैं कि बुरी तरह बीमार व्यक्ति को देखने के लिए भी तीन हफ़्ते बाद की तारीख देते हैं और यदि रोगी या उसका परिचारक डाक्टर से पूछता है कि यदि इस बीच मरीज़ मर गया तो क्या होगा, तो डाक्टर बड़ी सहानुभूति के साथ उत्तर देता है कि वैसी स्थिति में आप मुलाक़ात सदा कैंसिल करवा सकते हैं। एक डाक्टर था जिसके किसी मरीज़ ने कभी कोई शिकायत नहीं की क्योंकि मुरदा लोग कभी शिकायत करते ही नहीं।

जिस क़स्बे में मेरा जन्म हुआ, वहां डॉ. रशीद अहमद सबसे बड़े

डाक्टर थे। उनके गले को बिना स्टैथोस्कोप और उनके मुखारविंद को बिना मूछों के मैंने कभी नहीं देखा। वे अस्पताल और अपने घर के बीच टेलीफ़ोन की व्यवस्था रखते थे। वे पहले फ़ौज में जानवरों के डाक्टर थे मगर जब उन्होंने वही निदान और वही दवाइयां इंसानों पर आज़मानी शुरू करीं तो उन्हें आशातीत सफलता मिली। वह स्त्रियों को प्रसव भी कराते थे और मौका पड़ने पर सर्जरी भी करते थे। उन्होंने अपनी जन्मजात योग्यता के बल पर लाखों रुपए कमाए और अपने इकलौते पुत्र को बाक़ायदा डाक्टर बनाया और जब वही सुपुत्र पाकिस्तान चला गया तो उन्होंने उसी ग़म में दुनिया छोड़ दी। मेरे क़स्बे में एक अलौकिक प्रतिभा रखनेवाला हकीम भी था जो मरीज़ों को बिना दवा के ठीक कर दिया करता था। जेम्स प्रथम, मार्क ट्वेन और अशोक कुमार तक ने 'काले जादू' को स्वीकार किया है और ऐसी स्थिति में आपको मेरी बात पर अविश्वास प्रकट नहीं करना चाहिए। और हां, एक बात तो बताना मैं भूल ही गया। ऊपर बताए डाक्टर साहब देखने में यदि यमदूत लगते थे तो हकीम साहब यमराज के वाहन की छटा प्रकट करते थे। इन दोनों ने कितने लोगों के प्राण बचाए—यह कहना कठिन होगा। दोनों के हाथ में अलौकिक 'शफा' थी। व्यक्तिगत जीवन में दोनों चिकित्सक धर्मात्मा व दयालु थे। मेरे क़स्बे में दो वैद्य भी थे। एक वैद्य थे जो प्रायः प्रत्येक सुंदर और युवा रुग्णा को गर्भवती करते थे [और जिसके लिए वह अलग से कोई फ़ीस नहीं लेते थे] तो दूसरे वैद्य गर्भपात करने मैं सिद्धहस्त थे। कुछ सयानों का कहना था कि स्त्री तो स्त्री, वे पुरुष तक का गर्भपात करा सकते थे। इन दोनों सिद्ध वैद्यों के सामूहिक प्रयत्नों के फलस्वरूप क़स्बे की आबादी स्थिर ही रही : न घटी और न बढ़ी।

जब मैं दिल्ली आया तो दो पहुंचे हुए डाक्टरों से पाला पड़ा। दोनों होम्योपैथ थे और दोनों कनाट-प्लेस के मद्रास होटल वाले ब्लाक में बैठते थे। डॉ. गुहा एक ऐसे व्यक्ति थे जो पहले एडिनबरा से ऐलोपैथी में सर्वोच्च डिग्री प्राप्त करके आए थे और जिन्होंने बाद में बर्लिन से

होम्योपैथी की उच्च शिक्षा प्राप्त की थी। उनके पास जाकर आदमी अपनी मूल बीमारी भूल जाता था क्योंकि वहां दवा लेने के लिए घंटों बैठना पड़ता था। आप बाहर के कमरे में पुराने 'शंकर्स वीकली' पढ़ते रहते थे और भीतर डाक्टर गुहा आराम से कोका कोला पीते रहते थे और रोगियों से लक्षणों का ऐसा ब्यौरा पूछते रहते थे कि कभी-कभी स्त्रियों को उत्तर देते लज्जा आने लगती थी। उनकी पत्नी व पुत्री परियों की भांति रूपवती थीं। उन्हें देखकर कोई भी संवेदनशील व्यक्ति अपने पुराने कष्टों को भूल जाता था। उन्हीं के पास डॉ. चटर्जी बैठते थे जो मात्र क्रॉनिक बीमारियों की चिकित्सा करते थे। वैसे सच्ची बात यह है कि उनके इलाज में प्रायः प्रत्येक बीमारी स्वतः क्रॉनिक हो जाती थी। वे महीना-भर रोगी को ठीक रखते थे और महीने के अंत में ऐसी दवा देते थे कि रोगी फिर उतना ही बीमार हो जाता था और अगले महीने फिर दवा लेता था। उनके पास गया कोई बीमार कभी ठीक नहीं होता था। डॉ. चटर्जी मोटर रखते थे और बिना बुलाए रोगी के घर पर उसे देखने चले जाते थे। उस स्थिति में वे फ़ीस तो लेते ही थे, साथ में मोटर का भाड़ा अलग से चार्ज करते थे। वैसे चिकित्सक वे भी कुशल थे, इसमें कोई संदेह नहीं।

आयु बढ़ने के साथ-साथ दांतों और आंखों के डाक्टरों के पास जाना शुरू हुआ। एक दंतचिकित्सक ऐसे मिले जो दर्द करनेवाले दांत के साथ-साथ कम से कम एक स्वस्थ दांत और निकाल देते थे जिसके लिए वे कोई अतिरिक्त फ़ीस हर्गिज़ नहीं लेते थे। उनके पास ज़्यादा टिकना कठिन होता था। यदि कोई युवती अपना मुंह कम खोलती थी तो वे कहते थे कि "मुंह खोलने में आप इतना संकोच क्यों करती हैं? आखिर मुंह ही तो देखना चाहता हूं, और कोई अंग तो नहीं।" इसके बाद जब वह नवयौवना अपना मुंह पूरा खोल देती थी तो वे हमेशा कहते थे कि "बस, इतना ज़्यादा मुंह न खोलिए क्योंकि मुझे दांत बाहर ही खड़े-खड़े निकालना है, मुंह के भीतर जाकर नहीं।" आंखों के एक डाक्टर इतने

कार्य-तत्पर थे कि मुझे एक बार चश्मे का नंबर दिया जिसे 'माइनस' के स्थान पर 'प्लस' लिख दिया। मुझे चश्मा दो बार बनवाना पड़ा। एक बार मेरे एक निकट-संबंधी की [जो डिस्ट्रिक्ट व सेशन्स जज थे] आंख का आपरेशन किया तो बाद में एक टांका निकालना ही भूल गए जिसके कारण जज साहब को काफ़ी कष्ट उठाना पड़ा। एक मित्र के साथ तो उन्होंने वह दयालुता बरती कि पूछिए नहीं। आपरेशन होना था दाईं आंख का और कर दिया बाईं आंख का। ग़लती बाद में पता चली तो दाईं आंख का आपरेशन किया और उसकी कोई अतिरिक्त फ़ीस उन्होंने नहीं ली। मेरे मित्र की एक आंख हमेशा के लिए चली गई, यह दीगर बात ठहरी।

जब से मुझे 'मानसिक अवसाद' का रोग लगा तब से अब तक मैं अनेक मनोचिकित्सकों के पास गया। एक डाक्टर ऐसे मिले जो मेरे भयंकर दुख के क्षणों में भी इसी बात को लेकर चिंतित रहते थे कि मुझसे ज़्यादा से ज़्यादा रुपया कैसे निकाला जाए। एक डाक्टर अवश्य ऐसे मिले जिनका इलाज यदि आजीवन भी चलता तो भी मैं खुश ही रहता। उनकी जो सहायक थी वह इतनी सुंदर और सुडौल थी कि उसके पास से हटने को मन ही नहीं करता था।

चर्चा यहीं समाप्त करता हूं क्योंकि अभी-अभी एक डाक्टर आना है। देखने में अलसेशियन है पर हृदय से एकदम बकरी है। आवाज़ ऐसे देता है जैसे कोई गधा रेंक रहा हो। यह ऐसा पहला डाक्टर है जो इतने जानवरों का मज़ा एक साथ देता है।

डाक्टरों की चर्चा समाप्त करता हूं। अस्पतालों की व नर्सों की चर्चा अलग से करूंगा। ●

कहां गए वे दिन ?

इस वर्ष उज्जैन का कार्तिक मेला नगर में सांप्रदायिक तनाव के कारण समय पर नहीं लग सका । इस सारी स्थिति का प्रभाव गधों और उनके मालिकों पर सबसे ज़्यादा पड़ा क्योंकि गधे जो थे वे बेचे नहीं जा सके । क्या विचित्र स्थिति है; जहां कभी कालिदास अपने अमर काव्य रचा करते थे, वहां अब गधे बिकते हैं । जहां गणिकाएं आलाप भर-भरकर मेघदूत गाया करती थीं, वहां अब गधे रेंकते हैं । मैं आपको एक नेक सलाह देता हूं । यदि आप कभी उज्जैन जाएं तो कार्तिकी पूर्णिमा के मेले पर ही जाएं । पता नहीं कोई बाई आपकी कितनी कीमत लगा दे । क्या कोई ऐसी रूपवती और अमीर स्त्री इस संसार में है जोकि मन ही मन यह न चाहती हो कि उसका जो पति हो वह गधा हो ?

कालिदास की बात क्या चली कि शेक्सपीयर की याद सताने लगी । बहुत दिनों से यह विवाद चल रहा है कि अपने नाटकों का असली प्रणेता क्या शेक्सपीयर स्वयं ही था ? अब इस समस्या का अंतिम समाधान भी हो जाएगा । अमेरिका के दो वैज्ञानिकों ने इस समस्या को सुलझाने के लिए एक शक्तिशाली कंप्यूटर को काम पर लगा दिया है । अब पता लग जाएगा कि विश्वप्रसिद्ध सैंतीस नाटकों का वास्तविक लेखक एक बेपढ़े कारीगर का कुलदीपक विलियम शेक्सपीयर ही था या कि संभ्रांत परिवार में जन्मे मार्लो ने या दरबार के अमीर फ्रांसिस बेकन ने यह अपराध किया था । बेकन बड़ा

प्रतिभावान् व्यक्ति था; उसने साहित्य-सृष्टि के साथ-साथ जेम्स प्रथम के राज्य में वित्तमंत्री का भार भी संभाला और ख़ज़ाने में कुछ गड़बड़ी करने के आरोप में कुछ वर्ष शाही जेल में भी काटे। शेक्सपीयर का फ़ैसला हो जाए तो फिर भारत सरकार भी शायद यह मामला कंप्यूटर को ही सौंपे कि कालिदास एक थे या तीन। मैं आपको सलाह दूंगा कि इस संदर्भ में आप जयशंकर प्रसाद के ऐतिहासिक नाटक 'स्कंदगुप्त' की भूमिका अवश्य पढ़ें।

वाशिंग्टन के एक प्रमुख कला-संस्थान ने कलाकारों की एक याचिका अदालत में जाते ही यह ऐतिहासिक निर्णय ले लिया कि अब उस संस्थान से सहायता पानेवाले कलाकार यह प्रतिज्ञापत्र नहीं देंगे कि उनकी कलाकृतियां अश्लील नहीं होंगी। इस प्रतिज्ञापत्र के न दे सकने कारण अमेरिका के कलाकार मात्र गत वर्ष में ही तीन लाख डालर की हानि उठा चुके हैं। बात भी ठीक है। एक ओर तो जर्मनी में एक व्यक्ति ने झूठा मंत्री बनकर एक बैंक से दो लाख डालर की राशि अंतर्धान कर दी और दूसरी ओर कलाकारों पर अश्लील न होने का प्रतिबंध लगाकर अमेरिका-जैसा प्रगतिशील राष्ट्र उन्हें सहायता न दे—क्या यह समझ में आता है? अब तो यह समय आ गया है कि धर्म का स्वरूप भी बदल रहा है। टेनेसी के एक गिरजाघर में पादरी जो है वह 'जींस' पहनता है। पंद्रह या बीस मिनिट से ज़यादा समय का उपदेश नहीं देता और श्रोतागण जो हैं वे ऐसे स्टूलों पर बैठते हैं जैसे कि शराबघरों में प्रयोग किए जाते हैं। प्रार्थना का गान गिटार पर चलता है और गिरजाघर जो है वह एक शानदार होटल के एक भाग में ही स्थित है। अब यदि धर्म का स्वरूप बदल रहा है तो कला का स्वरूप क्यों नहीं बदलेगा?

जैसा कि हम सभी जानते हैं, काफ़ी लोग शादी के पहले या बाद सुहागरात मनाते हैं। कुछ-कुछ ऐसा ही तब होता है जबकि कोई छात्र किसी छात्रावास में प्रवेश करता है। मैंने जब प्रयाग

विश्वविद्यालय में दाखिला लिया था तो मैंने अपने रहने के लिए जैन छात्रावास चुना था क्योंकि वह सस्ता था और वहां के दयालु अधिकारी मुझे किराया, पानी और बिजली आधी दरों पर देने को तैयार थे हालांकि मैं जैन नहीं था। बी.ए. पास करने के बाद मैं गंगानाथ झा होस्टल में चला आया क्योंकि जैन बोर्डिंग हाउस में गहन अध्ययन करने का वातावरण नहीं था। बहरहाल इन दोनों छात्रावासों में मेरी 'रैगिंग' की गई। मैंने घास खाई, गाना सुनाया और कपड़े उतारकर नृत्य का कार्यक्रम भी प्रस्तुत किया। इसके बाद सारे सीनियर छात्र मित्र हो गए। जब मैं झा होस्टल में था तो नई कहानी के हस्ताक्षर मार्कंडेय, प्रख्यात गणितज्ञ त्रिविक्रम पति, कई देशों में हमारे राजदूत रहनेवाले इंदुप्रताप सिंह, भारतीय जनता पार्टी के वरिष्ठ नेता मुरलीमनोहर जोशी, लोकसभा के महासचिव डॉ. सुभाष कश्यप, बिहार पुलिस के डाइरेक्टर-जनरल तेजप्रताप सिंह जैसे प्रतिभावान् लोग वहां मेरे साथी थे। ऐसे शालीन लोगों के रहते किसी भी नए छात्र को कोई विशेष यातना नहीं सहनी पड़ी। मगर इस वर्ष राजधानी के एक प्रमुख कालेज में कुछ छात्र व छात्राओं ने नए विद्यार्थियों को इतना कष्ट पहुंचाया कि कुछ कहा नहीं जा सकता। सात विद्यार्थियों ने तीन नए लड़कों को इतनी बुरी तरह पीटा कि वे बेचारे लहूलुहान हो गए और उन्हें अस्पताल में भर्ती करवाना पड़ा। मैं पूछता हूं कि ऊंची शिक्षा पानेवाले छात्रों को नए छात्रों के साथ क्या इसी प्रकार 'सुहागरात' मनानी चाहिए ? भूतपूर्व छात्र होने की हैसियत से मेरी गर्दन तो लज्जा से झुक गई। प्रत्येक वर्ष नए छात्र और छात्राओं के साथ अनेक शिक्षा-संस्थानों में ऐसा अत्याचार संपन्न किया जाता है और कोई भी बड़ा व्यक्ति कुछ नहीं करता।

सर गंगानाथ झा होस्टल में एक 'स्टडी सर्किल' थी जिसका कर्ताधर्ता एक वर्ष मैं भी रहा। जो बड़े लोग छात्रों को संबोधित करने आए उनमें से रघुपति सहाय 'फ़िराक', अशोक मेहता, लालमोहन

बनर्जी, पूरनचंद्र जोशी और भारत के मुख्य न्यायाधीश मेहरचंद महाजन के नाम मुझे अभी तक याद हैं। और डॉ. अमरनाथ झा का तो कहना ही क्या, वे तो हमारे होस्टल में प्रायः आया करते थे। अमरनाथ झा हमारे होस्टल को "डैडी होस्टल" कहा करते थे क्योंकि डॉ. सर गंगानाथ झा जो थे वे डॉ. अमरनाथ झा के सगे पिता थे। डॉ. अमरनाथ झा का जो बड़प्पन था वह उन लोगों को कभी नहीं समझाया जा सकता जिन्होंने उन्हें देखा नहीं। वे मूलतः एक 'दृष्य-काव्य' थे, 'श्रव्य-काव्य' नहीं। इतना शिष्ट, दबंग और दयालु कुलपति हमारी युनिवर्सिटी को कोई और नहीं मिला। कहां गए वे लोग और कहां गए वे दिन ?

आपमें से कुछ ने शायद 'ठलुआ क्लब' का नाम सुना हो। एक तो 'ठलुआ क्लब' वह पुस्तक है जिसमें बाबू गुलाबराय के हास्य-निबंध संकलित हैं और जिसे मुंशी प्रेमचंद ने संपादित किया। अपनी सारी व्यथा और करुणता के बावजूद प्रेमचंद जी बेहद हास्य-प्रेमी व्यक्ति थे। उन्होंने 'सत्याग्रह'-जैसी हास्य-कथा लिखी और रतनलाल सरशार के पांच सौ पृष्ठों के हास्य-उपन्यास का 'आज़ाद-कथा' नाम से हिंदी में अनुवाद किया जिसके लिए मेरे-जैसे अनगिनत हास्य-प्रेमी जीवन-भर उनके ऋणी रहेंगे। दूसरे, 'ठलुआ क्लब' उस संस्था का नाम है जिसका मुख्यालय वाराणसी में है और जो समय-समय पर बड़े-बड़े साहित्यकारों का 'विशेष' सम्मान करता रहता है। महाकवि पंत का जब यह सम्मान किया गया तो मैं प्रयाग में ही नियुक्त था। मैं और मेरी पत्नी दोनों उस विचित्र और विनोदी उत्सव को देखने हिंदुस्तानी ऐकेडेमी के हाल में गए। बड़ी भीड़ थी। पंत जी के सिर पर मुकुट बांधा गया और उनके बारे में न-जाने कितने लतीफ़े उनके सामने ही सुनाए गए। पंत जी निर्विकार भाव से सबकुछ सुनते रहे और मुस्कुराते रहे। वे दिन प्रयाग से सदा के लिए चले गए।

'ठलुआ क्लब' की तर्ज़ पर ही कोलंबिया में अभी-अभी एक ऐसे

क्लब की स्थापना की गई है जिसके सदस्य मात्र वे ही स्त्री या पुरुष हो सकते हैं जिनका कि प्रेम के संदर्भ में कभी हृदय टूटा हो। अनेक लेखकों, कलाकारों और मनोवैज्ञानिकों ने इस क्लब की प्रथम वार्षिकी पर अपने अविस्मरणीय अनुभव सुनाए। पुराने प्रेम-पत्रों को सरेआम पढ़ा गया, पाब्लो नेरूदा की प्रेम-कविताएं पढ़ी गईं और पुरानी घटना को विस्तार के साथ हजारों लोगों के सामने सुनाया गया। उत्सव तीन दिन चला और जिस प्रेमी या प्रेमिका ने सबसे ज़्यादा मार्मिक अनुभव सुनाया, उसे ट्राफी भी प्रदान की गई। सोचता हूं कि यदि डाक द्वारा इस क्लब की सदस्यता संभव हो तो मैं भी इसका आजीवन सदस्य बन जाऊं। तब मैं वे सारी घटनाएं विस्तार के साथ बताऊंगा जो मेरे दिल पर गुज़री हैं। अभी तक तो स्थिति यह है कि हालांकि मैं अपने प्रेम का ज़िक्र अनेक रचनाओं में कर चुका हूं पर फिर भी सच्ची हालत जो है वह यही है जिसे कवि ने इस शेर में बांधा है :

देखिए किस हुस्न से पोशीदा दिल का राज है
तीर मेरे दिल में है, पर्दे में तीरन्दाज है। ●

प्राचीन काल से लेकर अब तक

होली के पवित्र अवसर पर मध्यप्रदेश के एक गांव में सवर्णों की कृपा से कुछ हरिजन स्त्रियों को नंगे होकर नाचना पड़ा था। उसके बाद उत्तरप्रदेश में कानपुर नगर के बर्रा क्षेत्र में एक गृहस्वामिनी के साथ ऐसा शर्मनाक व्यवहार किया गया कि जिसे लिखा तक नहीं जा सकता। उसके बाद फ़तेहपुर जिले के एक गांव में एक हरिजन को उसकी पत्नी के कारण ज़िंदा जला दिया गया। एक तरफ़ यह सब होता रहा और दूसरी ओर संसद में इस बात को लेकर हंगामा चलता रहा कि नए मंत्रियों का परिचय प्रधानमंत्री ने स्वयं क्यों नहीं करवाया या एक मंत्री ने अपने वक्तव्य में एक समुदाय-विशेष का नाम क्यों लिया ?

मैं देखता हूं कि स्त्रियों पर अन्याय करने की परंपरा हमारे इस पवित्र देश में सदा से रही। हम वैसे तो 'सीताराम' और 'राधेश्याम' कह-कहकर स्त्रियों का नाम स्वयं भगवान् से पहले लेते रहे मगर सच्ची स्थिति वही रही कि गोस्वामी तुलसीदास तक 'ढोल, गंवार, शूद्र, पशु, नारी' को 'ताड़न का अधिकारी' ही प्रतिपादित करते रहे। पुराने स्मृति-ग्रंथों में सभी जगह स्त्री को निचला दर्जा ही दिया गया। शास्त्रों के अनुसार स्त्री को बचपन में पिता के, यौवन में पति के और वृद्ध हो जाने पर पुत्र के अधीन रहना चाहिए। जो पत्नी पति से पहले मिठाई खाती है, वह नरक में जाती है। घर में आटा वगैरा ख़त्म हो जाने पर जो स्त्री अपने पति से इन वस्तुओं को लाने के लिए कहती है, उसे पतिव्रता नहीं माना जाता। जो पत्नी पति को जवाब देती है,

वह अगले जन्म में गांव कीं कुतिया या वन की गीदड़ी बनती है। स्त्रियां यदि शतभिषा नक्षत्र में स्नान करती हैं तो वे अगले सात जन्मों में विधवा ही होती हैं। स्त्रियों के लिए प्रत्येक 'आचार' में इतनी 'अति' की गई कि वह 'अत्याचार' हो गया। 'स्मृतिसंग्रह' के अनुसार स्त्री को तो दातुन भी चार अंगुल लंबी ही करनी अपेक्षित है जबकि ब्राह्मण और क्षत्रिय बारह अंगुल लंबी और नौ अंगुल लंबी दातुन करने के अधिकारी हैं! इस पृष्ठभूमि को ध्यान में रखते हुए उत्तरी भारत में स्त्रियों के साथ जो व्यवहार किया जा रहा है वह और चाहे कुछ भी हो, धर्म के ख़िलाफ़ कभी नहीं कहा जा सकता। कभी-कभी तो ऐसा लगता है कि शायद स्त्रियां पैदा ही इस कारण की गई हैं कि उनका शोषण किया जा सके। एलबर्ट आइंस्टीन ने 'सापेक्षता का जो सिद्धांत' निकाला था उसमें उनकी पत्नी का बराबर का योगदान था मगर उसकी चर्चा तक कहीं नहीं की गई। वैसे असलियत यह है कि आइंस्टीन साधारण गणित में बेहद कमज़ोर थे और इस कार्य में उनकी [बाद में परित्यक्ता] पत्नी मिलेवा मारिक उनकी सदा सहायता किया करती थी। शायद इसी कारण आइंस्टीन ने 'सापेक्षता-सिद्धांत' को 'अपनी खोज' न कहकर सदा 'हमारी खोज' ही कहा। बहरहाल, फ़िलहाल सारे विश्व के वैज्ञानिकों में यह जानने के लिए खलबली मची है कि यह खोज आइंस्टीन की थी या उनकी पत्नी की। कुछ विद्वान जो अब तक आइंस्टीन को ऋषिवत् मानते थे, अब उनकी तुलना राक्षस से करने लगे हैं। सच्ची बात यही है कि प्रत्येक पुरुष की महानता के पीछे सदा किसी स्त्री का हाथ रहा।

हमारे देश में वर्तमान युग में सबसे पहले गांधी जी ने स्त्रियों को समानता व स्वाधीनता देने का नारा बुलंद किया। दुख की बात है कि आज़ादी मिलने के बाद भी उन्हें अपने पूरे अधिकार कभी नहीं दिए गए। इसका सारा दोष हमारे प्रधानमंत्रियों पर जाता है। पंडित नेहरू और मोरारजी देसाई—दोनों विधुर थे। शास्त्री जी और चौधरी

चरणसिंह बहुत कम समय के लिए प्रधानमंत्री रहे। यदि ये दोनों लोग ज़्यादा दिनों जीते तो स्त्रियों के लिए अवश्य कुछ करते। राजीव गांधी ने स्त्रियों के लिए काफ़ी कुछ किया। विश्वनाथ प्रताप सिंह से आशा करना बेकार है क्योंकि वे ज़रूरत से ज़्यादा ईमानदार हैं। जब वे वित्तमंत्री थे तब उन्होंने पान-मसाले पर टैक्स लगाया था हालांकि उनकी अपनी पत्नी पान-मसाला खाती थीं। इसके अलावा उन्हें हरिजनों से ही कहां फुर्सत है ? हरिजनों पर किए गए अत्याचारों के लिए विशेष अदालतें बनाई जा रही हैं। आशा है हरिजनों के बाद वे साहित्यकारों के हित में भी ऐसे ही ठोस कदम उठाएंगे। मुझे लिखते हुए कोई सत्ताईस वर्ष हो गए मगर स्थिति यह है कि एक बहुत बड़े प्रकाशक ने बिना किसी अनुबंध के मेरी पुस्तक छाप ली, उसका दूसरा संस्करण भी छाप लिया मगर मुझे एक पैसा नहीं दिया। ऐसी ही कृपा एक छोटे प्रकाशक ने भी की। अख़बारवालों का यह हाल है कि एक प्रमुख दैनिक पत्र ने रचना बिना मेरी आज्ञा के मुखपृष्ठ पर छापी और मुझे एक पैसा नहीं दिया। मध्यप्रदेश के एक नितांत प्रसिद्ध पत्र ने पारिश्रमिक के तौर पर एक वर्ष बाद पंद्रह रुपए भेजे हैं। अरे भाई, शोषण ही करना है तो स्त्रियों का करो, हरिजनों का करो, ग़रीब लेखक को क्यों तंग करते हो ? क्या वह स्त्रियों और हरिजनों से भी पिछड़ गया ?

मुझे यह बताते हुए हार्दिक सुख होता है कि विदेशों में स्त्रियों के साथ न्याय किया जाने लगा है। एक हवाई अड्डे पर एक पति-विशेष ने अपनी पत्नी-विशेष को विदाई के अवसर पर इतने ज़ोर से चूमा कि उसके सुंदर कपोलों पर कुछ खरोंच आ गई। लड़की होनहार थी। उसने बाकायदा पुलिस में रिपोर्ट दर्ज करवाई और पुलिस ने पति को तुरंत हिरासत में ले लिया। एक नवविवाहित पति ने अपनी नवविवाहिता पत्नी के कौमार्य पर संदेह किया तो स्त्री ने अदालत में मानहानि का दावा किया। लंदन की एक अदालत ने उसके पति

पर मात्र बीस हजार पाउंड की डिक्री की। एक और देश में एक दंपति ने सारी उम्र न जाने कितनी पार्टियों के साथ धोखाधड़ी की मगर जब उन दोनों में तलाक की स्थिति आई तो पति ने पत्नी को आधी संपत्ति देने से मना कर दिया। पत्नी अदालत गई और अदालत ने उसका कई करोड़ रुपयों का दावा स्वीकार कर लिया। इस समस्त पवित्र क्रिया के संपादन में बस एक परेशानी पड़ी। पत्नी ने जब उन सब अपराधों का अदालत को ब्यौरा दिया जिनमें उन्होंने करोड़ों रुपयों की धोखाधड़ी की थी तो पुलिस ने उन दोनों को गिरफ़्तार कर लिया जिसके कारण फ़िलहाल उनका तलाक का मामला बीच में ही अटक गया। मुझे पूरी आशा है कि उन दोनों को जेल होगी और जेल में वे फिर एक-दूसरे से प्रेम करने लगेंगे। स्त्री के चरित्र और पुरुष के भाग्य का किसे पता ?

मैं उदास हो जाता हूं और 'खट्टर काका' को पढ़ने लगता हूं। विद्यापति के बाद वे मैथिली के दूसरे महान लेखक हैं जो मेरे मर्म को स्पर्श करते हैं। उनका विचार है कि पहले की अपेक्षा हमारे देश के नर-नारी अब ज़्यादा बुद्धिमान हो गए हैं। पहले 'यंत्र' चलता था, अब 'षड़यंत्र' चलता है। 'उपलक्ष्य' कुछ भी हो, 'लक्ष्य' अपना स्वार्थ ही है। पहले कन्या की प्राप्ति के लिए 'पंचांग' देखना पड़ता था परंतु अब कन्या स्वयं ही 'पांचों अंग' दिखा देती है। पहले लोग 'नाड़ी' की गति से चिंतित होते थे, अब वे 'नारी' की गति से चिंतित होते हैं। नेताओं के हाथ में 'चाप' है तो जनता के होंठों पर 'श्राप' है। 'वैद्य' से बचना हो तो 'वैद्यनाथ' की बूटी [अर्थात् भंग] का सेवन करो। पहले लोग 'काली' की पूजा करते थे, अब वे 'साली' की पूजा करते हैं। ब्राह्मण के हाथ में 'माला' और चोर के हाथ में 'ताला'। जो 'अकिंचन' हैं वे भी 'कंचन' की कामना करते हैं। पहले 'योग' था तो अब 'भोग' है। पहले 'क्रीड़ागार' होते थे, अब 'कारागार' होते हैं। पहले स्त्रियां 'कलाकंद' खाती थीं, अब वे महंगाई के कारण मात्र 'शकरकंद' खाती हैं। 'शास्त्रार्थ' का अर्थ अब यह रह गया है

कि 'शास्त्र' से 'अर्थ' की प्राप्ति कैसे की जाए। पुराने ज़माने में ब्राह्मण 'गूलर-जामुन' खाते थे, अब 'गुलाब-जामुन' खाते हैं। 'दुर्वाक्षत' का अर्थ मात्र यह रह गया कि 'दूर्व' दूसरे के लिए और 'अक्षत' अपने लिए। पहले 'ब्रह्मवाद' का बोलबाला था और अब 'भ्रमवाद' का। 'काया' के स्थान पर लोग 'माया' के पीछे भी भागने लगे। पहले 'बेला' का ध्यान रखा जाता था तो आजकल 'बाला' का ध्यान रखा जाता है। 'ब्रह्मोपासना' का स्थान 'आत्मोपासना' ने ले लिया। पहले 'योगी' पाए जाते थे अब 'वियोगी' पाए जाते हैं। 'मदिरा' का स्थान 'मदिराक्षी' को मिल गया। 'कंचन' के स्थान पर 'कंचनी' आ गई। पहले 'चोला' पवित्र माना जाता था, अब 'चोली' को पवित्र माना जाता है। 'रोमवाले मांस' से 'रोमांस' होने लगा। 'सीमंतिनी' का वर्णन 'सीमांत' तक किया जाने लगा। 'कामिनी' का स्थान 'मिनी' ने ले लिया। 'सुजनतंत्र' का स्थान 'स्वजनतंत्र' या 'श्वजनतंत्र' ने ले लिया। 'लोकतंत्र' के स्थान पर 'थोकतंत्र' व 'ठोकतंत्र' आ गए। पहले 'बंदी' होते थे और अब 'चकबंदी', 'हकबंदी', 'नशाबंदी', 'दलबंदी' और 'नसबंदी' का प्रादुर्भाव हो गया। पहले लोग 'हरिताल' में जीवन बिताते थे तो अब उसका स्थान 'हड़ताल' ले लिया। 'अफ़सर' अब 'अजगर' हो गए और 'अप्सरा' के स्थान पर 'अफ़सरा' आ गई। पहले अतिथि को पेट-भर भोजन दिया जाता था तो अब उसे 'प्लेट-भर' भोजन दिया जाने लगा। 'उपहार' लेकर आइए और 'उपाहार' लेकर जाइए। 'आजीवन' प्रेम का स्थान अब 'आयौवन' प्रेम ने ले लिया। पहेल 'आभार' प्रकट किया जाता था तो अब 'उभार' प्रकट किया जाता है। 'परम सुंदरी' के स्थान पर 'छद्म सुंदरी' आ गई। 'चरमकोटि' के प्रेम का स्थान अब 'चर्मकोटि' के प्रेम ने ले लिया। पहले 'परकीया' नायिका होती थी तो अब 'पार्किया' नायिका होने लगी। 'चित्तपट' पर 'चित्रपट' का नशा ऐसा छाया कि दुर्गा, गीता और इंद्राणी का स्थान दुर्गा खोटे, गीता बाली, और इंद्राणी रहमान ने ले लिया। पहले 'पदपूजा' होती थी तो अब 'पदपूजा' [पद की अर्थात्

ओहदे की पूजा] होने लगी। बस एक 'नवयौवन' ही ऐसा शब्द बचा जो उल्टा होकर भी 'नवयौवन' ही रहा। हरिमोहन झा [खट्टर काका' तो उपनाम है] का जवाब नहीं। रात कोई तीन सौ पृष्ठ पढ़े जिनका सारांश मैंने ऊपर दिया। जो लोग इस 'विषय' में 'गहरी' रुचि रखते हों वे खट्टर काका के निबंधों को पढ़ें। हरि अनन्त हरिकथा अनन्ता···

हंसी-मज़ाक के चक्कर में पड़कर भी मैं प्रथम पैराग्राफ़ में वर्णित दुखप्रद घटना को भूल नहीं सका। सोचता हूं कि मैं भी अपने परम प्रिय नेताओं की भांति यह कोठी छोड़कर किसी झोंपड़ी में रहने लगूं। झोंपड़ी में कई टेलीफ़ोन होंगे, सोफ़ा होगा, वातानुकूलन की व्यवस्था होगी—इससे क्या फ़र्क पड़ता है ? झोंपड़ी तो झोंपड़ी ही रहेगी चाहे वह कैसी भी हो। राजनीति के कारण देश में इतना रक्त बहा कि दिल्ली का ऐतिहासिक किला अभी तक लाल ही चल रहा है। सैकड़ों वर्ष का अंतराल भी उसका रंग नहीं बदल पाया। हां, अलबत्ता यह जानकर वास्तव में संतोष होता है कि सिने-सुंदरी श्रीदेवी कुमारी होते हुए भी कभी अकेले नहीं सोतीं; वैसा करने में उन्हें डर लगता है। और बंबई हाईकोर्ट ने अपने एक निर्णय के अनुसार चरित्रहीनता के कारण परित्यक्ता पत्नी के भरण-पोषण का भार भी भूतपूर्व पति पर ही रखा। यह वे ऐतिहासिक कदम हैं जो भारतीय नारी के हित में हैं। इधर शत्रुघ्न सिन्हा ने एक और बड़ी दिलचस्प बात कही। उन्होंने कहा कि "मैं 'पद्मश्री' लेकर क्या करूंगा ? इससे तो यह कहीं ज़्यादा अच्छा होगा कि मुझे कोई 'राजश्री', 'मंजुश्री' या 'भाग्यश्री' मिल जाए—बशर्ते कि उसकी प्राप्ति से मेरी निजी पत्नी को कोई एतराज न हो।" यह भी कम संतोष की बात नहीं है कि गाज़ियाबाद की एक वीर स्त्री ने अपने पति की हत्या का मुकद्दमा चलाने के लिए अपनी एक वर्ष की बेटी को एक सहस्र मुद्राओं के लिए बेच दिया। अबला जीवन हाय, तुम्हारी यही कहानी, आंचल में है दूध और आंखों में पानी। सचमुच स्त्रियों को सर्वगुणसंपन्न होते हुए भी कभी भी समाज में उचित स्थान नहीं मिला और न कभी मिलेगा।

द्वंद्व-युद्ध

आज आपके साथ मैं द्वंद्व-युद्ध की चर्चा करूंगा। द्वंद्व-युद्ध से मेरा अभिप्राय उस युद्ध से कतई नहीं है जोकि महाकवि देव, बिहारी या ग्वाल कवि के नायक अपनी नायिकाओं के साथ लड़ा करते थे। द्वंद्व-युद्ध से मेरा अभिप्राय मात्र उस युद्ध से है जिसे अंग्रेज़ी में 'ड्युअल' कहकर पुकारा जाता रहा। पुराने समय में बात कुछ भी होती थी, उसका अंतिम निबटारा द्वंद्व-युद्ध से ही किया जा सकता था। लोग तलवारें या तमंचे लेकर निश्चित स्थान पर नियत समय पर मिलते थे और युद्ध करते थे। जो कोई भी जीत जाता था, उसी की बात को सच्चा या उसी के दावे को सही स्वीकार कर लिया जाता था। न कोई अपील होती थी और न कोई मनमुटाव होता था। 'ड्युअल' के नियम निश्चित होते थे और द्वंद्व-युद्ध ठीक प्रकार चले, इसे भली-भांति देखने के लिए रेफ़री भी रहता था। अलेग्ज़ेंडर ड्यूमा, पुश्किन, तुर्गनेव और तालस्ताय की कृतियों में इस प्रकार के द्वंद्व-युद्धों का काफ़ी विशद विवरण प्राप्त होता है। शास्त्र के लिए शस्त्र का प्रयोग करने की परंपरा तो और स्थानों पर भी रही पर इस युद्ध को जो मान्यता मध्यकाल के यूरोप में मिली, वह अन्यत्र दुर्लभ ही रही। द्वंद्व-युद्ध जो होता था वह प्रायः किसी रूपवती युवती को लेकर ही होता था। दोनों प्रेमियों में से एक तो द्वंद्व-युद्ध में मर जाता था और दूसरा जो होता था वह उस युवती के साथ विवाह कर लेने के कुछ ही दिनों बाद खुदकुशी कर लेता था। इस शास्त्रीय पद्धति के अनुसार दोनों जो प्रेमी थे वे शांति प्राप्त करते थे। मानवजाति के लिए यह एक खेद का विषय है

कि उन्नीसवीं शताब्दी के साथ-साथ द्वंद्व-युद्धों की परंपरा ख़त्म हो गई। अब आप फोर्ट विलियम जाइए, उस दीवार को देखिए जिसके सामने वारेन हेस्टिंग्ज़ ने काउंसिल के एक नितांत सम्मानित सदस्य के साथ तमंचा लेकर युद्ध लड़ा था और इतिहास को याद कीजिए। इससे ज़्यादा आप कुछ नहीं कर सकते।

इस संदर्भ में आपको यह सूचना देते हुए मुझे हार्दिक व शारीरिक संतोष हो रहा है कि इतिहास जो है वह अपने को दुहरा रहा है। दूसरे शब्दों में द्वंद्व-युद्ध की परंपरा जो थी, वह लौट रही है और काफ़ी ज़ोर-शोर के साथ लौट रही है। हाल ही में एक ऐसा युद्ध अमेरिका में हो गया। बात एक मकान की खरीदारी से ताल्लुक रखती थी। एक साहब थे जो मालिक मकान थे और इसी कारण मकान बेचना चाहते थे और एक और साहब थे जो मकान मालिक नहीं थे और इसी कारण उस इमारत को खरीदना चाहते थे। मकान मालिक जो था वह मकान के बदले एक लाख नव्वे हज़ार डालर चाहता था जबकि खरीदनेवाले व्यक्ति के पास कुल पचहत्तर हज़ार डालर थे। अंत में चलकर द्वंद्व-युद्ध हुआ जिसमें मकान मालिक को काफ़ी मात्रा में शारीरिक क्षति पहुंची। उसने अपनी जान सही-सलामत रखने के लिए अपने प्रतिद्वंद्वी के साथ समझौता कर लिया और अस्सी हजार डालर में मकान बेच दिया। जिस काम को कोई कानून, कोई अदालत, कोई पादरी या कोई वैज्ञानिक नहीं कर सकता था वह काम द्वंद्व-युद्ध के द्वारा काफी सरलता से संपन्न हो गया। कमर के निचले हिस्से पर जहां दस-बीस तगड़े किस्म के धक्के लगे वहीं सारा हठयोग समाप्ति को प्राप्त हो गया।

ऊपर लिखी ख़बर पढ़ते ही मेरा मनोबल एकदम बढ़ गया। मैं सोचने लगा कि कितना अच्छा हो कि विधानसभा या लोकसभा का सदस्य बनने के लिए बजाय मतदान के एक खुला दंगल होने लगे और जो भी राजकुमार बाकी साथियों को खदेड़ सके उसे ही सफलतारूपी राजकुमारी दे दी जाए। न लाखों-करोड़ों का ख़र्चा और न बाद में ग़लत

इलेक्शन के बारे में कोई अदालती दावा। इसी प्रकार अध्यापक भी छात्र के साथ द्वंद्व-युद्ध कर लें और छात्र यदि जीत जाए तो उसे बिना किसी परीक्षा के पास कर दें। जो छात्र हैडमास्टर या वाइसचांसलर के साथ हाथापाई करने में सफल हो जाए, उसे स्वर्ण पदक तक प्रदान किया जाना उचित होगा। लेखक और आलोचक भी इसी सिद्धांत के अनुसार काम करें और साहित्य में आई हुई कुंठा और गतिरोध को ख़त्म करें। जो कवि दस-पांच प्रतिष्ठित समीक्षकों की तबीयत के साथ मरम्मत कर दे, उसे महाकवि और युगप्रवर्तक स्वीकार कर लिया जाए। कहते हैं कि एक बार निराला जी ने भी पंत जी को कुश्ती के लिए ललकारा था मगर कहीं निराला जी को कोई चोट न आ जाए, यह सोचकर पंत जी ने इस प्रस्ताव को बाइज़्ज़त अस्वीकार कर दिया था। और प्रेम के संदर्भ में तो द्वंद्व-युद्ध का कहना ही क्या; इससे उम्दा हथियार वहां और कोई मिल ही नहीं सकता। बजाए इसके कि चुपके-छिपके मिला जाए, आत्महत्या के वायदे किए जाएं और फिर बाद में चलकर निराशा के ही गीत लिखने पड़ें, इससे तो कहीं बेहतर यह है कि उस छोकरी के बाप या पति की कसकर ठुकाई कर दी जाए। जो भी जीत जाए, मुसम्मात उसी के पास चली जाए। मरहम-पट्टी पर थोड़ा-बहुत ख़र्चा आएगा और उसे बाद मे चलकर देख लिया जाएगा। बाहुबल से प्राप्त पत्नी भी पति को कुछ ज़्यादा ही प्यार करेगी और घर में भी वह शांतिपूर्वक ही रहेगी। मुझे कुछ लोगों पर बड़ा रहम आता है जबकि देखता हूं कि अपने अमर प्रेम के सामने भी वे अपने जबड़े पर एक मुक्का बर्दाश्त करने को तैयार नहीं। अब या तो अकबर इलाहाबादी वाला पवित्र प्रेम ही कीजिए [बँगलए-जानां सवा दो कोस है, चल नहीं सकते बड़ा अफसोस है] या फिर हिम्मत बटोरिए और कौमी नारे को बुलंद कीजिए [ठन गई आज यही कि पहुंचूं उन तक, या मेरी ख़ैर नहीं या दरबान की ख़ैर]।

यूं तो द्वंद्व-युद्ध का तरीका सभी क्षेत्रों में कारगर हो सकता है पर तलाक के क्षेत्र में इसके लिए जितना स्कोप है उतना शायद और

किसी क्षेत्र में नहीं है । इस स्थिति के कारण दो हैं । पहला कारण तो यह है कि अदालत जानेवाली प्रणाली इतनी देरतलब है कि जब तक अदालत अपना फ़ैसला देती है तब तक या तो पति-पत्नी में से कोई एक [या दोनों] अपनी जिंदगी पूरी कर लेते हैं और मर जाते हैं, या फिर अदालत में हर हफ़्ते मिलते-मिलते उनमें आपस में फिर प्रेम हो जाता है और तलाकवाली बात जो है वह पीछे छूट जाती है । आयरलैंड में एक पति-पत्नी को तलाक लेने में इतना समय लगा कि जब तक उन्हें तलाक मिला तब तक उनके पुत्र और पुत्रवधू भी उसी अदालत से तलाक प्राप्त कर चुके थे । इस संदर्भ में द्वंद्व-युद्ध के तरीके के ज़्यादा उपयोगी होने का दूसरा कारण यह है कि संसार के काफ़ी देशों में तलाक लेने की प्रथा अभी भी काफ़ी अजीबोग़रीब है । मिसाल के तौर पर रेड इंडियन लोगों की केशबू जाति में यह प्रथा है कि जिस व्यक्ति को घर लौटने पर अपनी मच्छरदानी ग़ायब मिले, वह समझ लेता है कि उसकी पत्नी ने उसे तलाक दे दिया । बीवी जो गई सो गई, साथ में एक अदद मच्छरदानी और गई । नेपाल की नेवार जाति की स्त्री यदि अपने पति को छोड़ना चाहती है तो बिस्तर पर सुपारी के दो टुकड़े ज़रूर छोड़कर जाती है ताकि जब पति आए तो सुपारी चबाकर अपना विरह कुछ कम कर सके । सुमात्रा देश में अचेहनी जाति में तलाक लेना काफ़ी भयानक है । जब भी कोई महाशय अपनी पत्नी के हाथ में तीन अदद सुपारी के टुकड़े रखकर कह दें कि "एक तलाक, दो तलाक, तीन तलाक : आज से इस लोक में और परलोक में तू मेरी बहिन के समान", तो इसका अर्थ यह होता है कि उस पुरुष-विशेष ने उस स्त्री-विशेष को तलाक दे दिया । ग्यारह सगे बच्चों की माता होने के बाद अपनी सगी पत्नी को सबके सामने बहिन कहकर स्वीकार करना कितना कठिन काम है, यह आप समझ सकते हैं । इस दिशा में यदि द्वंद्व-युद्ध की परंपरा आ जाए तो बस आनंद ही आनंद है । पति और पत्नी

सारे महल्ले के सामने कुश्ती लड़ें और जो जीत जाए, वह तलाक प्राप्त करने का अधिकारी घोषित किया जाए। आप यह न समझिए कि ऐसी स्थिति में हमेशा पति ही जीतेगा क्योंकि मैंने ऐसी थ्री-टनर देवियां देखी हैं जो एक तो क्या, दस-दस पतियों को धराशायी कर चुकी हैं। पति कभी अपने होते थे कभी पराये।

मैं अपने चारों ओर निगाह दौड़ाता हूं और उदास हो जाता हूं। जिन कामों के लिए द्वंद्व-युद्ध होने चाहिए थे, उन्हें लेकर जादू-टोना, यज्ञ और प्रदर्शन किए जा रहे हैं जोकि एक काफ़ी निराशाजनक स्थिति है। कहा जाता है कि एक वरिष्ठ नेता ने एक दूसरे वरिष्ठ नेता पर जादू-टोना करवा दिया ताकि वह बीमार हो जाए और ये ख़ुद मुख्यमंत्री बन जाएं। कितना अच्छा रहता कि जादू-टोने के स्थान पर ये लोग 'ड्युअल' लड़ते और सबके सामने अपनी शक्ति को प्रकट करते। जो शांति और सुख द्वंद्व-युद्धों से प्राप्त हो सकता था, उसी की प्राप्ति के लिए एक प्रदेश में एक महायज्ञ किया गया जिसमें बीस लाख रुपयों का तो मात्र घी ही फूंका गया। कहते हैं ऐसा यज्ञ पांच हज़ार वर्ष पहले मांधाता नामक व्यक्ति ने नर्मदा नदी के तट पर किया था। बारह मई सन् उन्नीस सौ उनहत्तर को संपन्न किए गए इस महायज्ञ में लगभग ढाई हज़ार हवन कुंड खोदे गए, लगभग तीन हज़ार पुरोहितों ने अपनी सेहत ठीक की और कुल मिलाकर अंतिम परिणाम यह रहा कि यज्ञ-स्थान से कुछ ही दूर पर एक समुद्री तूफ़ान आ गया जिससे लाखों लोगों के घरबार उजड़ गए और करोड़ों की संपत्ति नष्ट हो गई। ठीक वही स्थिति जो रामचंद्र जी व पांडवों के साथ हुई थी। जब राजा रामचंद्र ने अश्वमेध यज्ञ किया था तो उसके कुछ ही दिन बाद सीता ने आत्महत्या कर ली थी, लक्ष्मण को प्राणदंड मिला था और रामचंद्र जी स्वयं जो थे वह सरयू में डूब गए थे। विश्वास न हो तो वाल्मीकि-रामायण का उत्तर कांड पढ़ लीजिए। इसी प्रकार जब पांडवों ने राजसूय

यज्ञ किया था तो उसके बाद उन्हें चौदह वर्ष का वनवास मिला था जो कुल मिलाकर शायद कोई विशेष दिलचस्प चीज़ नहीं होती थी। मैं सोफ़े पर बैठता हूं और सोचता हूं कि ऊपर बताए यज्ञ में लगे बीस लाख रुपयों का घी यदि हमारे देशवासी खाते तो उनकी सेहत ठीक हो सकती थी और द्वंद्व-युद्ध की परंपरा को बल दिया जा सकता था। मगर यहां तो स्थिति यह है कि घी-दूध तो देवताओं को दो, और अपने झगड़े सुलझाने के लिए कचहरी जाओ। इसी प्रकार बर्लिन में हाल ही में युवतियों ने एक विशाल जुलूस निकाला और मांग की कि पुरुषों को सड़कों पर चलने का अधिकार नहीं मिलना चाहिए क्योंकि वे युवतियों से छेड़खानी करते हैं। इन स्त्रियों के हाथों में झंडे थे जिन पर लिखा था कि "हर तेरह मिनट में एक स्त्री के साथ बलात्कार होता है।" इसी मुद्दे को लेकर फ्रैंकफ़र्ट में भी युवतियों ने एक विशाल जुलूस निकाला और राह चलते पुरुषों पर आटे की थैलियां फेंककर मारीं। मेरा निजी विचार यह है कि इन सुंदर कन्याओं की असली इच्छा यह थी कि तेरह मिनट में केवल एक ही बलात्कार क्यों होता है, ज़्यादा बलात्कार क्यों नहीं होते ? यदि ऐसा न होता तो वे नंगी टांगों का सार्वजनिक प्रदर्शन करना बंद करतीं और आटे को फेंकने के बजाय उसकी चपातियां खातीं, कसरत करतीं और छेड़खानी करनेवाले युवकों से दो-दो हाथ करतीं। अगर एक भी लोफ़र की पतलून खींच लेतीं और उसका अंडरवियर उतार लेतीं तो उसे जन्म-भर के लिए अक्ल आ जाती और फिर वह अपनी पत्नी को भी माता कहकर पुकारता।

मैं सरकार से दरख़ास्त करता हूं कि वह द्वंद्व-युद्धों को कानूनी बनाए, उन्हें प्रोत्साहन दे और इस प्रकार बेकार मुकद्दमेबाज़ी, जादू-टोना, और यज्ञ वगैरा को ख़त्म करे। और हां, द्वंद्व-युद्धों से मेरा अभिप्राय उन अभियानों से कतई नहीं है जोकि हमारी बहादुर पुलिस कभी-कभी करती है। हाल ही के प्राप्त समाचारों के अनुसार

मध्यप्रदेश के छतरपुर नगर में जब पुलिस एक बैंक की सुरक्षा पर तैनात थी तो कुछ मौजी लोग आए और उनकी स्टेनगन, राइफिल और कारतूस छीनकर लापता हो गए । पुलिस थी कि उसने बिना किसी वाद-विवाद के यह सारा सामान उन लफ़ंगों के हवाले कर दिया । चल भाई, तू ही खुश रह । हमारी पुलिस-जैसी शांतिप्रिय, नम्र और सभ्य पुलिस शायद दुनिया में और कहीं नहीं मिलेगी । इस 'जंबूद्वीपे भरतखंडे' का भी वाकई जवाब नहीं । ●

एक देहाती डाक्टर

मेरा जो ज़िला है वह गढ़वाल से एकदम लगा हुआ है। यह ठीक वही इलाका है जहां कभी शकुंतला और तेंदुए पाए जाते थे। शकुंतला ने दुष्यंत को आकृष्ट किया था और तेंदुओं ने जिम कार्बेट को। समय के साथ-साथ ये सब समाप्ति को प्राप्त हो गए—ठीक वही "कालाय तस्मै नमः" वाली बात। अब इन वस्तुओं के स्थान पर कहीं-कहीं डाक्टर नाम का प्राणी मिलता है जो क्या पर्वतों की दिशा से आते राजहंस और क्या तराई में रहनेवाले भेड़िए—इन सभी से दस कदम आगे होता है। यूं तो भारत का प्रत्येक निवासी जन्मजात चरक, सुश्रुत, वाग्भट और शार्ङ्गधर होता है पर फिर भी डाक्टर जो होता है उसकी बात कुछ अलग ही होती है। मरीज़ को मारने का कानूनी अधिकार जो है वह उसे ही प्राप्त है। यह संतोष का विषय है कि "तरुतलनिवासिनी और ग्रामवासिनी" भारतमाता की कोटि-कोटि संतानों में से काफ़ी जो हैं वे इसी ग़रीब देहाती डाक्टर की कृपा से अकाल मृत्यु का सुख भोगते हैं। मैं अपने अंचल के कुछ देहाती डाक्टरों को जब भी देखता हूं तो लगता है कि वे इस शस्यश्यामला धरती के साथ किया गया सबसे बड़ा मज़ाक हैं। यहां मैं एक विशिष्ट डाक्टर के बारे में कुछ लिखना चाहता हूं जिसमें गुलमुहर के गुण भी हैं और लकड़बग्घे के भी। दूसरे शब्दों में मेरे क्षेत्र का सच्चा प्रतिनिधि। फणीश्वरनाथ 'रेणु' ने भी अपने एक उपन्यास में एक ग्रामीण 'डाग्दर' की चर्चा की है। पाठकों की सुविधा के लिए मैं स्पष्ट कर दूं कि वह

एक दूसरा डाक्टर था जो शायद मेरे इलाके में शादी के बाद हनीमून मनाने भी कभी नहीं आया।

जिस डाक्टर की मैं चर्चा कर रहा हूं वह मेरे क्षेत्र के काफ़ी जनप्रिय चिकित्सकों में से एक हैं। चिकित्सा का अधिकार इन्हें विरासत में मिला है। इनके लकड़दादा यूनानी हकीम थे, दादा वैद्य थे, पिता होम्योपैथी करते थे और ये हैं के एलोपैथी आज़माते हैं। दूसरी जंग के दौरान ये फ़ौज में जानवरों के किसी अस्पताल में कंपाउंडर थे पर उस सत्य से वर्तमान वस्तुस्थिति पर कोई असर नहीं पड़ता। ये प्रैक्टिस करते हैं और धड़ल्ले के साथ करते हैं। मेरे इलाके की आधी जनसंख्या इन्हीं के प्रताप से प्रकाश में आई और शेष आधी जनसंख्या इन्हीं के इलाज से जहान से कूच कर गई। जंग के दौरान जो दवाइयां कभी टट्टुओं और खच्चरों को ठीक करती थीं, वे अब इंसानों को दुरुस्त करती हैं। अंततोगत्वा, इंसान भी तो एक जानवर ही ठहरा।

कहा जाता है कि चिकित्सक जो होता है वह यमराज का छोटा भाई होता है। जिस डाक्टर की मैं चर्चा कर रहा हूं वह वैसे भी यमराज का विशिष्ट संबंधी मालूम होता है क्योंकि उसकी शक्ल यमराज के वाहन से एकदम मिलती है। इसके अतिरिक्त जो सबसे बड़ी चीज़ है वह यह है कि इन्हें प्रत्येक बीमारी का व्यक्तिगत अनुभव है। यक्ष्मा इन्हें रही, दिल का दौरा इन्हें पड़ा, दिमाग़ इनका खराब रहा और सांप ने इन्हें काटा। मरीज़ को देखने के बाद जो पहला सुभाषित उनके ओंठों से निकलता है वह यही होता है कि घबराओ मत, इस मर्ज़ से तो मैं खुद बीमार पड़ चुका हूं। एक बार एक कुमारी कन्या को गर्भपात हो गया था और हिम्मत बढ़ाने के लिए इन्होंने उससे भी यही बात कही थी। लड़की बेबकूफ़ थी, उसने यकीन नहीं किया। वह हंसने लगी। इसके बाद उसने अपनी सारी व्याधियों का इलाज सदा इन्हीं डाक्टर से कराया।

डाक्टर साहब की दिनचर्या बड़ी नियमित है। वसंत हो या वर्षा, वे हमेशा मुर्गे के साथ उठते हैं और अपने कुत्ते के साथ घूमने जाते हैं। इससे उनकी अपनी सेहत भी ठीक रहती है और कुत्ते की भी। साथ घूमनेवालों में से देर-सबेर कोई बीमार पड़ जाए तो वह दीगर बात है। इसके बाद आर्यसमाजी रीति से हवन करते हैं जिसमें मंत्रों का उच्चारण इतनी शुद्धता के साथ किया जाता है कि यदि कोई सच्चा पंडित सुन ले तो दम तोड़ दे और वह भी एकदम। यज्ञ करने के बाद वे नाश्ता लेते हैं और इसके बाद शफ़ाखाना जाते हैं। वहां वे अपना कोट उतारते हैं, पवनपुत्र हनुमान की मूर्ति को प्रणाम करते हैं और स्टैथोस्कोप को गले में इस प्रकार पहनते हैं जैसे शिव अपने गले में सांप पहना करते थे। इसके बाद वे काम में जुट जाते हैं। एक फटीचर किस्म का कंपाउंडर है जो सुई लगाता है और मरहम-पट्टी करता है। रोग कोई हो, इलाज सुई लगाने से ही शुरू किया जाता है और इसी प्रकार चोट कहीं भी हो, पट्टी हमेशा सिर पर ही बांधी जाती है। कमरे के बाकी हिस्से में एक पर्दा पड़ा है जिसके पीछे उन रोगियों को देखा जाता है जिन्हें सबके सामने नहीं देखा जा सकता। औरतें अलबत्ता किसी भी रोग से पीड़ित हों, उनकी जांच हमेशा पर्दे के पीछे ही की जाती है। ये शायद पहले डाक्टर हैं जो गले के ख़राशों के लिए बालिका की टांग का निरीक्षण करते हैं और पेट खराब होने पर उसके वक्ष का। इनकी इस विशिष्ट निदान-प्रक्रिया के कारण ही काफ़ी संभ्रांत और शालीन किस्म की स्त्रियां भी इनसे इलाज करवाने काफ़ी दूर-दूर से आती हैं। संतान देने के लिए इनके पास कोई अचूक नुस्ख़ा है। न जाने कितनी बांझ औरतें आईं जिनकी गोद डाक्टर साहब के अथक प्रयत्नों द्वारा ही भरी। जहां तक पुरुषों का प्रश्न है, उनमें डाक्टर साहब इस कारण लोकप्रिय हैं क्योंकि हर मरीज़ को वे कोई न कोई फ़ोश मज़ाक जरूर सुनाते हैं। इस दिशा में उनकी प्रतिभा इतनी प्रखर है कि अच्छा-खासा सात्विक मज़ाक भी उन तक पहुंचते-पहुंचते फ़ोश हो जाता

है। वैसे भी वे काफ़ी मिलनसार और खुशमिज़ाज हैं और ज़्यादा ग़रीब बीमारों को मुफ़्त दवा देने में भी उन्हें संकोच कभी नहीं होता। वैसे भी इनका इलाज करवाते-करवाते कितने ही भले लोग ग़रीब हो गए।

उनका शफ़ाखाना एक अजीब जगह है। वह शफ़ाखाना भी है, देहातियों की बैठक भी है, फ़ौजदारी और गांव की राजनीति का अड्डा भी है और इस सबके साथ-साथ देसी शराब की दुकान भी है। गांव की सारी कला और संस्कृति जैसे वहीं सिमटकर आ गई है। बंदरवाला वहीं बंदर नचाता है और कठपुतली का नाच जो होता है वह भी शफ़ाखाने के सामने खड़े पीले अमलतास के ही नीचे होता है। वहां लोगबाग इलाज ही नहीं करवाते बल्कि शादी और विवाह भी तय करते हैं, ताज़िराते-हिंद की दफ़ाएं याद करते हैं और रुपए का लेन-देन भी करते हैं। पेशेवर डाकुओं की मरहम-पट्टी जो है, वह भी रात को यहीं संपन्न की जाती है। शादी-विवाह तय कराने में डाक्टर साहब को विशेष दिलचस्पी है क्योंकि यदि शादी-विवाह नहीं होंगे तो भविष्य में मरीज़ कहां से आएंगे ? मेरा विचार है कि इतना शातिर इंसान मेरे क्षेत्र में न भूतो न भविष्यति। गांव में जो सरकारी अमला आता है उनकी खातिर भी डाक्टर साहब के ही हाथों होती है।

तीसरे पहर जब कुछ छुट्टी होती है तो डाक्टर साहब खाना खाकर अख़बार पढ़ते हैं। आस-पास बैठे देहाती लोगों को पढ़कर बताते हैं कि फलां इलाके में एक सुंदरी अपने प्रेमी को छोड़कर पति के साथ भागी तो क्यों भागी और एक बकरी ने घोड़े के बच्चे को जन्म दिया तो कैसे दिया। अख़बार पढ़ने के बाद वे मरीज़ देखने निकलते हैं और इस संदर्भ में उनकी साइकिल उनका बड़ा साथ देती है। डाक्टर व साइकिल—इन दोनों चीज़ों का जन्म शायद एक ही दिन हुआ था। साइकिल के पीछे कैरियर में बैग दबा रहता है और आगे हैंडिल पर झोला लटका रहता है जिसमें गांववाले अपनी श्रद्धा के अनुसार मछली, सिंघाड़े और कुम्हड़ा वगैरा डालते रहते हैं। डाक्टर साहब सबके

शुभचिंतक हैं। सर्वे भवन्तु सुखिनः सर्वे सन्तु निरामयाः। नाई उनसे हजामत के पैसे नहीं लेता और मोची उनके जूतों की मरम्मत के बदले कभी कुछ भी नहीं मांगता। वे सबके दोस्त हैं। उनका पेट काफ़ी बड़ा है। उसमें न जाने कितनों की इज़्ज़त छिपी पड़ी है। कोई बेवकूफ़ है जो उनसे बिगाड़कर रखेगा ? और फिर वैसे भी डाक्टर साहब का रिकार्ड है कि उनके इलाज में आज तक कोई नहीं मरा। होता यह है कि केस जैसे ही कुछ सीरियस होने लगता है, वैसे ही वे उसे शहर भिजवा देते हैं और बड़े डाक्टर के नाम ख़त भी देते हैं। इतिहास साक्षी है कि कोई भी मरीज़ जिसे उन्होंने शहर भेजा, फिर कभी शिकायत करने वापिस नहीं लौटा।

पिछली बार जब मैं गांव गया तो डाक्टर साहब को सरकारी अमले से घिरा पाया। गांव मैं अक्सर जाता रहता हूं। सच्ची बात तो यह है कि अपनी तमाम कमियों और गंदगियों के बावजूद, देहात अभी भी उतना ही सुंदर है। वसंत और वर्षा जो हैं वे वहीं बतियाते हैं। कमलों से भरी झील, मेघों से भरा आकाश, कीचड़ से भरी पगडंडियां, मीलों तक पीले-पीले धानों से भरे खेत और ज़रूरत से ज़्यादा यौवन से भरी लोकगीत गातीं युवतियां। शरद् ऋतु में ऐसी चांदनी निकलती है कि पैदल चलते हुए भी ऐसा लगता है जैसे कि आप नौकाविहार कर रहे हैं। ये वे चीज़ें हैं जो अभी भी देहात में ही हैं। महानगरों में तो बस एक ऋतु बची है और वह है दफ़्तर जाने की और वहां से थका-मांदा वापिस आने की। मैं अपने मूढ़े के चारों ओर बैठे लोगों को देखता हूं। मेरे विचार में ग्रामीण सौंदर्य को सुरक्षित रखने की दिशा में खंड-विकास-अधिकारी, सरकारी डाक्टर, चकबंदी अफ़सर और सहकारिता विभाग के कर्मचारियों ने इतना महत्वपूर्ण योगदान दिया है कि यदि वह न दिया जाता तो शायद कहीं ज़्यादा अच्छा रहता।

दोपहर जो है वह धीरे-धीरे संध्या में बदल रही है। संध्या जो है वह रात में बदलेगी। रात को हमारे डाक्टर साहब भी एकदम बदल

जाते हैं। देसी शराब और फ़ोश मज़ाक। नशा चढ़ जाने पर अपनी रसिकता के किस्से भी वे खुद ही सुनाने लगते हैं। कहां-कहां किस-किस तरह के जूते कैसे-कैसे खाने को मिले—इसका विस्तृत और प्रामाणिक इतिहास। जब नशा ज़्यादा रंग ले लेता है तो वे या तो गीदड़ की बोली बोलकर सुनाते हैं या सीधे शायरी पर ही उतर आते हैं। डाक्टरी पेशे और साहित्य का बड़ा पुराना संबंध है। ओलिवर गोल्डस्मिथ, जान कीट्स, चेख़व, आर्थर कानन डायल और सामरसेट माम भी तो पेशे से बहरहाल डाक्टर ही थे। ●

सर्वे भवन्तु सुखिनः

आज का अख़बार पढ़कर तबीयत बगीचा-बगीचा हो गई । इतनी शानदार ख़बरें एक ही दिन के अख़बार में पढ़ना हृदय को प्रफुल्लित कर गया । पहली ऐतिहासिक ख़बर तो यह थी कि अमेरिका के किसी संभ्रांत परिवार ने कभी युद्ध के समय जार्ज वाशिंग्टन को दो सौ तेरह वर्ष पहले ऋण दिया था जिसकी दस्तावेज़ उस कुल के कुलदीपकों को हाल ही में हाथ लगी । सूद समेत यह ऋण अब केवल एक अरब बयालीस करोड़ डालर निकलता है जिसे सरकार से वसूल करने के लिए उस परिवार के डेढ़ हज़ार वंशजों ने अदालत में दावा दायर किया है । अदालत क्या फ़ैसला देगी, यह कहना कठिन है । दूसरी भौगोलिक ख़बर यह थी कि मैक्सिको के एक ग़रीब मजदूर ने कभी लाटरी का एक टिकट खरीदा था जिसे रखकर वह भूल गया । एक दिन जब वह उस टिकट को लेकर उस महिला के पास गया जिसने कि वह टिकट उसे बेचा था तो उसे बताया गया कि वह टिकट अब बेकार हो गया है । टिकट को बेकार समझकर उस निर्धन व्यक्ति ने वह टिकट उसी महिला के पास छोड़ दिया । उस महिला ने व उसकी चंद्रमुखी कन्या ने वह टिकट भुना लिया जिसका पता उस निर्धन पर असली हकदार को भी लग ही गया । उसने पुलिस में रिपोर्ट लिखाई और वह महिला व वह चंद्रमुखी गिरफ़्तार कर ली गईं । बहरहाल उस ग़रीब बर्तन मांजनेवाले व्यक्ति को दस लाख बयासी हज़ार डालर का इनाम मिल ही गया । तीसरी शास्त्रीय ख़बर यह है कि हर्टफ़ोर्ड की एक अदालत

ने एक तथाकथित तांत्रिक व उसकी कन्या को पंद्रह-पंद्रह वर्ष की कड़ी क़ैद मात्र इस कारण दी कि उन दोनों ने एक व्यक्ति को बुरे ग्रहों से बचाने के लिए ऐसी व्यवस्था की थी जिसमें उस ग्रह-पीड़ित व्यक्ति को मात्र दो लाख पचहत्तर हज़ार डालर खर्च करने पड़े थे और इस सबके बावजूद उसको 'बुरी आत्माओं' से मुक्ति नहीं मिली थी। चौथी पारलौकिक ख़बर यह है कि जर्मनी में एक ऐसी रूपवती युवती है जिसके मुंह से आग निकलती है और उसके इसी गुण-विशेष के कारण अभी तक पैंसठ स्थानों पर आग लग चुकी है। यह आग उस आग से अलग है जो उसके रूप के कारण असंख्य प्रेमियों के तन और मन में इस भयंकर गति से लग चुकी है कि कोई भी अग्निशमन यंत्र उसे बुझा नहीं पा रहा है [इक आग का दरिया है और डूब के जाना है—जिगर मुरादाबादी]। पांचवीं ख़बर समुद्री है जिसके अनुसार आक्शन्ड नामक क़स्बे में एक मछली को जब रसोईघर में पकाने के लिए काटा जा रहा था तो उसके भीतर से ऐसा ज़बर्दस्त विस्फोट हुआ कि सारी रसोई हिल गई। ऐसी घटना यदि हमारे देश में घटी होती तो इसे आतंकवादियों की हरकत बताया जाता मगर चूंकि घटना विदेश में घटी है इस कारण पूरा वैज्ञानिक विश्लेषण किया जा रहा है।

स्थिति यह नहीं है कि दिलचस्प घटनाएं मात्र विदेशों में ही घटी हों। इस क्षेत्र में अपना देश बिलकुल पिछड़ा हुआ नहीं है। राजधानी में ही कई मार्मिक वारदातें हुईं। एक कालेज के छात्र को इतना मेधावी पाया गया कि शिक्षा-संस्थान की ओर से उसे एक स्वर्ण-पदक दिया गया। उस ग़रीब परिश्रमी छात्र को जब यह पता लगा कि पदक जो है वह सोने का नहीं बल्कि किसी निहायत घटिया धातु का है और उस पर सिर्फ़ सोने का पालिश ही किया गया है तो उसने पुलिस स्टेशन में प्रथम सूचना रिपोर्ट दर्ज करवाई और कालेज की यूनियन ने प्रिंसिपल को मुअत्तिल करने की मांग की। आगे आगे देखिए, होता है क्या। यदि इस केस में आंखों में धूल झोंकी गई तो दूसरी घटना ऐसी घटी जिसमें कि आंखों में मिर्च का

चूरा झोंका गया। हुआ यह कि एक अस्पताल का ख़ज़ांची कर्मचारियों के वेतन का रुपया बैंक से निकालकर उसे एक संदूक में रखकर शायद पैदल आ रहा था जबकि स्कूटर पर सवार दो सज्जनों ने उसकी आंखों में लाल मिर्चों का चूर्ण डाल दिया और जैसे ही ख़ज़ांची ने अपनी आंखें साफ़ करने की कोशिश की वैसे ही वे दोनों सज्जन कैश-बाक्स को लेकर स्कूटर पर अंतर्धान हो गए। कोई एक लाख रुपया पांच मिनट में इधर से उधर हो गया। वित्त मंत्रालय और आडिट के विभाग में आजीवन काम करने के फलस्वरूप मैं यह भली-भांति जानता हूं कि ये विभाग इस हानि पर ज़्यादा टीका-टिप्पणी नहीं करेंगे; हां यदि ग़रीब ख़ज़ांची कहीं एक लाख रुपयों के लिए टैक्सी भाड़े पर ले लेता तो केस वर्षों तक चलता। एक प्रदेश के मुख्यमंत्री इतने पान खाते हैं कि उन्हें कभी-कभी उनका पीक थूकने के लिए उपयुक्त स्थान खोजने में बड़ी परेशानी पड़ती है। इस बार तो ऐसा हादसा हुआ कि पूछिए नहीं। अपनी आदत के अनुसार सारा मुखारविंद तांबूलों से भरने के बाद जब वे वायुयान में बैठे तो उन्हें ऐसा कोई स्थान नहीं मिला जहां वे पान की पीक का निर्यात कर सकते। अख़बार में छपा है कि भारतीय प्रशासन सेवा के एक उच्च अधिकारी ने अपना बैग खाली किया और मुख्यमंत्री जी ने उसे पीकदान के स्थान पर प्रयोग किया। इस घटना को पढ़कर क्या आप यह बात ईमानदारी से कह सकते हैं कि नौकरशाही जो है वह राष्ट्र के विकास में जनता के प्रतिनिधियों का साथ नहीं देती? इस संदर्भ में एक मज़ेदार टिप्पणी देश के सर्वोच्च ब्यूरोक्रैट [यानी कि कैबिनेट सेक्रेटरी] के बारे में भी छपी है। कैबिनेट सेक्रेटरी [विनोदचंद्र पाण्डेय] इतने ज़्यादा पान खाते हैं कि उसकी पीक को सुरक्षित रखने के लिए उनके कक्ष में एक विशेष कैबिनेट [यानी कि बक्सा] फ़िट किया गया है। यदि मुख्यमंत्री जी पान खा सकते हैं तो फिर कैबिनेट सेक्रेटरी वैसा क्यों नहीं कर सकते? महाजनो येन गतो स पंथाः [विष्णु शर्मा]

समाचारपत्र में सबसे अधिक सुखदायी ख़बर यह थी कि लगभग

बीस वर्षों के निरंतर संघर्ष के बाद [और श्रीमती कमलादेवी चट्टोपाध्याय के नेतृत्व के कारण] दिल्ली में विभिन्न प्रकार के कारीगरों के लिए एक अलग गांव बसाया गया है जिसका नाम है 'आनंद गांव'। इन कारीगरों में कठपुतली बनानेवाले हैं, जादूगर हैं, कव्वाली गानेवाले हैं और शेष जितने प्रकार के दस्तकार होते हैं, वे भी हैं। ये लोग देश के दूर-दूर बसे प्रदेशों के निवासी हैं जिन्होंने सबकुछ सहा पर कभी भी भीख नहीं मांगी। इस समाचार-विशेष को पढ़कर मैं यह सोचने लगा कि यदि बाकी किस्म के कलाकारों के लिए एक गांव बसाया जा सकता है तो क्या साहित्यकारों के लिए वैसा नहीं किया जा सकता ? आनंद गांव में तो मात्र 546 परिवारों के निवास की ही व्यवस्था है जबकि साहित्यकारों की संख्या तो मात्र राजधानी में ही हज़ारों में होगी। कुछ साहित्यकार ऐसे भी हैं जो काला जादू जानते हैं और कुछ ऐसे भी हैं जो राजनैतिक नेताओं के हाथों में कठपुतली से कहीं ज़्यादा अच्छा नाचते हैं। इनमें से काफ़ी कलाकार तो ऐसे भी हैं जिन्हें भिक्षा मांगने में भी लज्जा नहीं आती। क्या वास्तव में सरकार को साहित्यकारों के प्रति न्याय नहीं करना चाहिए ?

मेरे विचार में अब वह समय आ गया है जबकि 'रेणुगांव' की तर्ज़ पर सरकार 'लेखक गांव' की स्थापना करे। कवियों में फ़िलहाल सर्वश्रेष्ठ कवि विश्वनाथ प्रताप सिंह हैं क्योंकि कवि होने के साथ-साथ वे देश के प्रधानमंत्री भी रह चुके हैं। अकबर बेपढ़ा होते हुए भी अपने नवरत्नों से बड़ा था। देश के दूसरे महान कवि फ़िलहाल अटल बिहारी वाजपेयी हैं क्योंकि वे मात्र गिरधर कविराय की भांति कुंडलियां ही नहीं लिखते वरन् भारत के भावी प्रधानमंत्री बनने की सामर्थ्य भी रखते हैं। जूलियस सीज़र, जेम्स प्रथम, बाबर व जहांगीर उच्च कोटि के साहित्यकार थे क्योंकि लेखक होने के साथ-साथ वे महान सम्राट् भी थे। संस्कृत में तो काफ़ी राजा लोग अपने चारणों से कहीं ज़्यादा अच्छा स्वयं लिखते थे। 'मृच्छकटिक' व 'नागानंद' नाटक राजा शूद्रक व महाराज हर्ष ने रचे।

हिंदी की महान कवयित्री मीरा स्वयं एक महारानी थीं। अटल बिहारी वाजपेयी के बाद देश के सर्वश्रेष्ठ कवि विनोदचंद्र पांडेय हैं क्योंकि वे एक सच्चा कवि होने के साथ-साथ भारत सरकार के कैबिनेट सेक्रेटरी भी हैं। उनके बाद देश के सबसे बड़े कवि हैं आनंद बख़्शी जिनके रचे गीतों को देश की सारी जनता करोड़ों की तादाद में प्रतिदिन सुनती है। इन सबके बाद आते हैं बच्चन, नागार्जुन, केदारनाथ अग्रवाल और त्रिलोचन। देश में हिन्दी गद्य के सर्वश्रेष्ठ लेखक सर्वश्री गुरुदत्त, गुलशन नंदा, ओमप्रकाश शर्मा व कर्नल रंजीत हैं। मेरी सर्वश्रेष्ठ पुस्तक भी एक हज़ार ही छपती है जबकि गुलशन नंदा की एक पुस्तक का पहला संस्करण एक लाख प्रतियों का हुआ था। हिंदी में तो और कोई ऐसा गल्प लेखक है ही नहीं जिसका नाम गुलशन नंदा के बाद लिया जा सके क्योंकि यशपाल, अमृतलाल नागर, भगवतीचरण वर्मा और जैनेंद्र कुमार—ये सब कालजयी प्रतिभाएं काल के गाल में समा गईं। 'लेखक गांव' में एक हरिजन कालोनी भी बनेगी जिसमें व्यंग्यकार निवास करेंगे।

मैंने यह योजना एक मित्र को बताई तो उसने कहा कि सरकार साहित्यकारों से पूर्व हिजड़ों को महत्व देगी क्योंकि उनकी संख्या ज़्यादा है। मद्रास नगर से कोई दो सौ किलोमीटर दक्षिण में 'कोवागाम' नाम का एक परम पवित्र स्थल है जहां प्रत्येक वर्ष मई के महीने में सारे देश के हिजड़ों का मेला जुड़ता है। मैं तो यह कहता हूं कि सरकार लेखकों और हिजड़ों के लिए एक ही ग्राम बना दे क्योंकि वैसे भी देश के काफ़ी लेखक, संपादक और पत्रकार मात्र हिजड़े ही तो हैं। और वैसे भी देखा जाए तो पता लगेगा कि प्राचीन भारत में 'कंचुकी' और मुस्लिम काल में 'ख़्वास' राज्य के बड़े-बड़े ओहदे संभालते थे। यह परम सौभाग्य की बात है कि सरकार के कुछ बड़े-बड़े अधिकारी अभी भी उसी पावन परंपरा का पालन करते चले आ रहे हैं। वैसे भी हिजड़ों पर ध्यान देना आवश्यक है क्योंकि अंततोगत्वा वे भी तो इंसान ही हैं। भगवान् के सच्चे भक्त तो वे

ही हैं क्योंकि वे बेचारे कभी भी विषय-वासनाओं का शिकार नहीं बनते। ऐसा गांव बन जाए तो हमारे पूर्वजों की नीचे लिखी वाणी सत्य हो जाए। वाणी इस प्रकार है :

सर्वे भवन्तु सुखिनः, सर्वे सन्तु निरामयाः
सर्वे भद्राणि पश्यन्तु, मा कश्चिद् दुखभाग्भवेत् ●

कश्मीरी और डोगरी के कुछ दिलचस्प लोकगीत

देश के सबसे सुंदर राज्य कश्मीर पर कभी महाराज ललितादित्य और प्रवरसेन ने राज्य किया। बाद में चलकर सम्राट् अशोक ने भगवान् बुद्ध के उपदेशों से इसे पवित्र करवाया। 'राजतरंगिणी' का प्रणेता कवि कल्हण कश्मीर का ही निवासी था। पुरानी लोककथाओं के अनुसार महाराज प्रवरसेन ने ही शालीमार बाग़ की आधारशिला रखी थी और उन दिनों इस उद्यान को शालामार [यानी कि मदननिकेतन] के नाम से पुकारा जाता था। सन् सोलह सौ चौदह ईस्वी में शाही बाग़ात का सितारा और भी ज़्यादा चमका। मुग़ल सम्राट् जहांगीर व उसकी मलिका नूरजहां ने सारे बाग़ात का रूप ही बदल दिया। 'तुज़्के जहांगीरी' के अनुसार जहांगीर चाहता था कि कश्मीर के उद्यान संसार में सबसे सुंदर हों। यहां के लोकगीत भी इतने सुंदर हैं कि कुछ कहा नहीं जा सकता।

एक नवयुवक था जो शायद कुछ पैत्रिक कारणों के वशीभूत होकर एक सुंदर लड़की से कहने लगा कि 'तेरी नाज़ों के खरीदार, कितने पागल हैं बेशुमार। मेरी आंखों ने तेरी आंखों में ग़ज़ल पढ़ ली है। तुम तो बिजली-जैसी दुल्हिन बनोगी। मैं भी बम्बुर राजा की भांति हूं जिसने अपनी प्रिय रानी लोलरि के कारण राजपाट छोड़ दिया था। और हां, तू जवान इतनी जल्दी कैसे हो गई ? सच ही कहा है कि लड़की के और खुबानी के पकने में कितना समय लगता है ? तुमने

वचन दिया था कि तुम मेरी वधू बनोगी । इतने सुंदर मुख से दिया वचन न तोड़ो ।"

प्रियतम की बातें सुनकर युवती ने भी अपनी भावनाओं को वाणी दी । वह बोली कि "एक समय था जब मैं पीले फूल-जैसी सुंदर थी, उसके बाद एक समय आया जिसमें मैं सोने के बुंदे की भांति चमकती थी । मगर फ़िलहाल जो स्थिति है, वह यह है कि मैं किसी तंदूर की भांति तप रही हूं । हिम्मत है ऐसे में शादी करने की ? मेरे प्रेम का पौधा पानी से नहीं बढ़ेगा, उसकी सिंचाई तो तुम्हें दूध से करनी पड़ेगी । और हां, क्या तुम अपनी परम पूजनीया माता जी को नहीं जानते ? वह मुझे जलते हुए चूल्हे में फूंक देगी और मेरी ननद जो है वह तुम्हारी माता का ही साथ देगी, मेरा नहीं ।"

प्रेमी ने हिम्मत नहीं छोड़ी । उसने कहा कि "तुम एक कबूतर हो, मैं भी एक कबूतर हूं पर मेरा एक पंख कटा है । अम्मां की क़ैद से तो निकलना ही पड़ेगा : कठिन बेबसी क़ैद की होती, बीने कौन हार के मोती ?" इसके बाद क्या हुआ, वह मुझे मालूम नहीं । मेरे ख़याल से कोर्ट में जाकर उन्होंने शादी की होगी और उसके बाद परिवार नियोजन किया होगा । सारे समझदार लोग अब ऐसा ही किया करेंगे । कोर्ट की शादी का मज़ा कुछ और ही होता है । वैदिक रीति से तो मेरा विवाह संपन्न हुए कोई इकत्तीस वर्ष व्यतीत हो गए मगर कोर्ट में एक शादी मैं भी ज़रूर करना चाहता हूं चाहे वह शादी मुझे अपनी वर्तमान पत्नी के साथ ही करनी पड़े ।

कश्मीर में केसर सबसे कीमती चीज़ है । केसर कश्मीर को छोड़कर संसार में और कहीं नहीं होती । इसी कारण केसर को लेकर अनगिनत लोकगीत लिखे गए हैं । कवि कहता है : "रे केसर के फूल, तू तो स्वर्ण की भांति दमक रहा है और दीपक की भांति जल रहा है । तबीयत होती है कि अपना तन-मन मैं तुझ पर ही वार दूं । ओ केसर, तूने इतनी सुगंध, इतना रूप और इतने रंग कहां से प्राप्त किए ?"

एक युवती दूसरी सखि से कहती है कि "आज तो मेरा पति केसर के खेतों की दिशा में गया है। लौटने पर रात-भर सुगंध देगा। मगर ओ केसर, कहीं तू अपने रूप पर घमंड न कर बैठना क्योंकि मैं तुझसे कहीं ज्यादा सुंदर हूं। चल री सखि, केसर के खेतोंवाले पामपुर की तरफ़ चलें। केसर के पुष्पों ने मेरे हृदय में हलचल [यानी कि असहयोग आंदोलन] शुरू कर दी है। ओ केसर, तुझे सारी दुनिया देखती है मगर मुझे तो प्यार से देखनेवाला बहुत दूर गया है। पता नहीं कब लौटेगा ? उसके लिए मैं पश्मीना कातूंगी, एक बांका शाल बुनूंगी और फिर उसे केसर से रंगूंगी।"

मुझे यह देखकर अत्यंत हर्ष हुआ कि कश्मीरी गीतों में "हास्य-व्यंग्य" पर अलग से ध्यान दिया गया है। इस प्रकार के गीतों को 'लड़ीशाह' कहा जाता है जिन्हें कोई ख़ास व्यक्ति ही विशेष अंदाज़ और विशेष लहजे में गाता है। वह एक वाद्य भी बजाता है जिसे 'दुकरू' कहते हैं। कश्मीरी जनता में हास्य के कवि का अभी भी स्वागत होता है। 'लड़ीशाह' अभी भी बहुत लोकप्रिय है, और रहेगा।

मैं हवाई अड्डे पर बैठा हुआ उन सैलानियों को देख रहा हूं जो पता नहीं संसार के कौन-कौन से भाग से कश्मीर की यात्रा करने आए हैं। इन विदेशियों में से काफ़ी लोग पेशेवर 'गाइड' के हाथों में पड़ जाएंगे जो उन्हें पता नहीं कहां-कहां ले जाएगा और न जाने उनके कितने रुपए लुटवाएगा। असल में कश्मीर का सच्चा आकर्षण और उसकी आय का प्रमुख स्रोत वहां के सुंदर मार्ग और गांव ही तो हैं। पहलगांव, वह गांव है जो अमरनाथ की गुफ़ा की तरफ़ जाती हुई सड़क पर स्थित है। कश्मीर में शायद मार्ग को मर्ग भी कहते हैं और इसी कारण यहां गलुमर्ग, खिलेनमर्ग और सोनमर्ग सबसे ज़्यादा दर्शनीय स्थल हैं। कश्मीर के बारे में फ़ारसी के एक कवि ने कहा है [कहा जाता है कि मलिका नूरजहां इस शेर को बहुत पसंद करती थी] :

अगर फ़िरदौस बररूये ज़मीन अस्त
हमीं नस्तो, हमीं नस्तो, हमीं नस्तो

[2]

पिछले चार वर्षों से मैं जम्मू में ही नियुक्त हूं। आबादी का ज़्यादा हिस्सा डोगरी है। हिमाचल प्रदेश के कुछ भागों में भी डोगरी ही बोली जाती है। डोगरी के लोकगीत काफ़ी मार्मिक हैं। डोगरी कविता और लोकगीतों के कुछ नमूने पेश करता हूं और आशा करता हूं कि वे आपको पसंद आएंगे।

एक कवि कहता है कि "हिंदी-जैसी और कोई भाषा नहीं। जो कुछ उच्चारण करो, वही लिखो। इसमें उर्दू की 'ज़ेर' तथा 'जबर' मात्राएं दुम की भांति अलग से लगाने की ज़रूरत नहीं और न ही इसमें छोटी 'जे' या बड़ी 'जे' का झगड़ा है। जैसे किसी युवती के माथे पर सुहाग की बिंदी होती है, वैसे ही इसके माथे पर ओंकार की बिंदी लगी है। भारतवर्ष के ऋषि लोग बगुलों की भाषा नहीं बोलते थे।" मेरे विचार में इतने सुलझे हुए व्यक्ति को राजभाषा विभाग में जाना चाहिए और वह भी उस युवती के साथ जिसकी चर्चा ऊपर की गई।

पंत जी अपने एकाकीपन की बड़ी चर्चा किया करते थे। डुग्गर देश का एक कवि भी ऐसी ही वाणी बोलता है। वह कहता है कि "न कोई पुत्र है, न बहू है, न कोई गाय, बछड़ा, मुर्गा या तोता है। ऐसे में मैं करूं तो क्या करूं? मेरे यहां यदि कोई हादसा भी हो जाए तो महल्ले की लड़कियां मुझे सांत्वना दिलाने नहीं आएंगी। मेरी यदि किसी लड़की से कहीं आंखें चार भी हो जाती हैं तो उसकी भी चर्चा होने लगती है। अकेले व्यक्ति का भी भला कोई जीवन है?"

"तू किस देश की सुंदरी है? जानती है, मैं कौन हूं? मैं डुग्गर देश का वासी हूं जहां भगवान् शिव का हिमालय की पुत्री से विवाह हुआ था। तू मुझ पर अपनी सुंदर जुल्फ़ों का जाल मत फैला क्योंकि मैं इस जाल में फंसनेवाला नहीं हूं। मैं हंस की भांति हूं; मैं मोती छोड़कर सीपी को हाथ नहीं लगाता।"

''पापों की गठरी बांधकर तू तीर्थयात्रा पर जा रहा है ? अरे मूर्ख, गंगा तो तेरे हृदय में ही बह रही है। जा, उसी में डुबकी लगा।''

''वसंत आ गया। युवतियों को अपने प्रियतमों की याद आने लगी। अनार के वृक्षों ने लाल रंग का लिबास पहन लिया। ओ मेरी मां, मुझे पीली ओढ़नी रंगवा दे क्योंकि फाल्गुन की ऋतु आ गई।''

''यह प्रेम का दरिया है जो बहुत गहरा और बहुत चौड़ा है। मेरे यौवन की भांति नदी भी उबल रही है। यदि मुझे पता होता कि एक दिन तू नदी के पार जाएगा तो मैं तुझसे कभी भी अंग नहीं मिलाती। सोने का मर्म सुनार जानता है, लोहे का मर्म लुहार जानता है, मिट्टी का मर्म कुम्हार जानता है मगर मेरे मन के मर्म को तेरे सिवाय और कोई नहीं जानता। बता अब मैं क्या करूं ?''

''जीजा जी ने कुआं खुदवाया मगर साली वहां पानी पीने नहीं गई। जीजा ने महल बनवाया मगर साली उसे देखने नहीं गई। जीजा ने पलंग बिछवाया मगर साली उस पर सोने कभी नहीं गई। सुनो जीजा जी, मैं कभी भी नहीं आऊंगी, लोग ताने देते हैं। मैं क्या करूं ? ननद मेरी, मेरा यौवन तो रोकने पर भी नहीं रुकता। मेरा साजन तो खो गया, उसे गली गली में खोजो।''

''अरी मेरी सखी, मेरे गले तो बुड्ढा पड़ा। लोग बंदूक चलाते हैं, वह सिर्फ़ लाठी हांकता है। और लोगों ने चीते का शिकार किया पर मेरे श्रद्धेय पति जी ने तो मात्र एक चूहे को ही मारा। एक तरफ़ यह स्थिति है और दूसरी ओर गांव के जमींदार का लड़का मेरे पीछे लगा है। ओ जमींदार, तू अपने इस होनहार कुलदीपक को समझा दे ताकि बाद में तुझे रोना न पड़े। मेरा असली प्रियतम जो है वह नदी के उस पार रहता है। उस रसिए के बड़े भाग्य, जिसके संग मैं लागी।''

''मेरे मित्रो, मुझे आज मेरी घरवाली ने मारा। चकले से मारा, बेलन से मारा, तवे से मेरा यह चंद्रमुख काला किया, पलंग भी छीना, बिछौना भी छीना और बच्चों को भी वह साथ ही ले गई। मैं तो लाज

के मारे मरा जा रहा हूं ।'' बाद में उसे उसकी साली ने लिखा : ''ओ मेरे जीजा, तू हमारे कारखाने में आ जा, मैं तुझे लोहे का काम सिखा दूंगी । तेरी माता जी को हम रेलगाड़ी बनाएंगे और तेरे पूज्य पिता जी को इंजन । तेरी बहिनें लाल और हरी झंडियां बनेंगी । तब हम तुझे पूरी दिल्ली दिखाएंगे ।''

''ओ मेरे बलम, बारह बजकर पंद्रह मिनट तक मुझे नए कपड़े ला दे, नहीं तो हम्हारी तुम्हारे साथ नहीं बनेगी । तुम्हें लोग मुंशी कहते हैं पर तुम्हारे घर पर तो कलम व दावात भी नहीं है । तुम कैसे मुंशी हो ? लोग कहते हैं कि तुम सेठ हो, मगर तुम्हारे घर में न पलंग है न खेस । तुम कैसे सेठ हो ? सच बतलाओ कि तुम वास्तव में क्या हो ? मैं तो अब तुम्हारी हो ही गई, अब कोई बात छिपाने से क्या फ़ायदा ? तुम सुंदर हो, और युवा हो । मैं तुमसे प्रेम करती हूं । पल-भर रुकना, दो बातें करना, हंसना, और नयन भरना । ओ मित्तरा, पल-भर को रुक जाना ।''

एक लोककवि कहते हैं कि ''जिस बात को कहने के लिए उमर भर गीत गाने के बाद भी गीतकार नहीं कह सके, वही बात आंखों के इशारे ने क्षण भर में कह दी । जिसने भी दोष दिया, उसने पतझर को ही दिया । किसी ने कभी यह नहीं देखा कि वसंत भी वन की सुषमा को कभी-कभी हरता है और पतझर की अपेक्षा कहीं ज़्यादा नुकसान पहुंचाता है । जिसकी गांठ रास्ते में कभी नहीं खुली हो, ऐसे यात्री मुझे कम ही मिले ।'' हाँ, अलबत्ता लोककवि का कोई धन किसी ने कभी नहीं छीना । कारण यह था कि लोककवि सदा से निर्धन रहा । ''उसने जब भी गीत गाया, अकेले ही गाया : किसी ने उसका साथ नहीं दिया ।''

''रात आधी, चांद छुपते आय बलम पुकारा : ओ आय सजन पुकारा । नींद से मैं चौकूं देखूं, चांद पूनमवाला । ओ मेरा चांद पूनमवाला । अद्धी रातीं चन्न घरौंदे, सज्जने दित्ता आला, ओ सज्जने दित्ता आला : सुत्ती दी आऊं खड़ी-खड़ौती, चन्न चढ़ेगा पुन्नेयां वाला ।''

कवि कहता है कि "पनघट पर गोरी खड़ी है। उसके सिर पर का सालू हिल रहा है। जिस दर्ज़ी ने ऐसा सालू बनाया, ईश्वर उसका भला करे। गोरी के सिर पर जो गागर है वह कितनी सुंदर है। जिस कुम्हार ने उसे बनाया, भगवान् उसका भला करे। गोरी की नाक में बेसर पड़ी है। जिस सुनार ने यह बेसर बनाई हो, भगवान् उसका भला करे। यौवन का कभी गर्व नहीं करना, यह समाप्त हो जाता है। प्रेम जो होता है वह कभी नहीं मरता। प्रेम ही तो ऐसी चीज़ है जोकि प्रेमियों के मरने के बाद भी नहीं मरती।"

डोगरी लोकगीतों में मैंने नए भारत के स्वप्न कम देखे। मेरा ख़याल है कि मैं ग़लत हूं। मेरा डोगरी-ज्ञान तो सिर्फ़ उन पोथियों तक ही सीमित है जिनमें डोगरी काव्य का अनुवाद मुझे मिला। अब मैं आपको डोगरी के जो लोकगीत मुझे अत्यंत प्रिय हैं उनमें से दो का अनुवाद नीचे देता हूं :

[एक]

बावल एक मेरा कहना करना
मुझको राम रतन पति देना :
बेटी, वर तो मैं लाया हूं खोज के
जैसे केसर कुसुम्बारी घोल के :
बावल एक मुझे पछतावा बड़ा
मैं तो गोरी, पर वर सांवला :
बेटी न कर तू पछतावा बड़ा
है राधा गोरी, श्याम सांवला :

[दो]

हंसे बिना नहीं रहते
छबीले तेरे दांत गोरी :
खेले बिना नहीं रहते
छबीले तेरे हाथ गोरी :
चले बिना नहीं रहते
छबीले तेरे पांव गोरी :
ताके बिना नहीं रहते
छबीले तेरे नैन गोरी ●

ढाई आखर प्रेम का ···

तलस्ताय के अनुसार प्रेम का दूसरा नाम भगवान् है । हमारे दर्शनशास्त्र में ज्ञानयोग, भक्तियोग, कर्मयोग और हठयोग की भांति प्रेमयोग को भी पूरी मान्यता दी गई । चैतन्य महाप्रभु व मीराबाई प्रेमयोग के ही अनुयायी थे । संत कबीर ने तो साफ़ ही कह दिया था कि पोथी पढ़ने से कोई पंडित नहीं बना । जिस किसी ने भी प्रेम के ढाई अक्षर भली-भांति याद कर लिए बस वही सच्चा ज्ञान प्राप्त कर सका; और कोई नहीं ।

प्रेम के इतिहास में कुछ लोग ऐसे सम्राट् बने कि उनका नाम आज भी याद किया जाता है । मजनू लैला से इतना प्यार करता था कि वह अपनी प्रेयसी के कुत्ते को सरे-आम चूमा करता था । शीरीं और फ़रहाद की कथा आप जानते ही हैं । फ़रहाद ने शीरीं के लिए व उसके राज्य की प्रजा के लिए अपनी प्रेयसी की आज्ञानुसार दूध का पूरा प्रबंध किया पर शीरीं उसे फिर भी नहीं मिली । पुन्नू ने अपनी प्रेमिका सस्सी के लिए धोबी का पेशा अख़्तियार किया था और महीवाल ने सोहनी को पाने के लिए उसके बाप की—जोकि एक कुम्हार था—भैंसें चराने की ज़िम्मेदारी ली थी । हीर और रांझा के प्रेम का तो कहना ही क्या; वारिसशाह ने उनकी कथा ऐसे मार्मिक रूप से कही कि उसे सुनकर आंखों से पानी निकलने लगता है । रीतिकाल की एक नायिका प्रेमी के विरह में इतना रोई थी कि उसके इलाके में बाढ़ आ गई थी ।

सलमान रश्दी की किताब के अलावा एक और पोथी अभी-अभी

प्रकट हुई है जिसका कि प्रथम संस्करण ही छः लाख प्रतियों का छापा गया है। इस पुस्तक में किट्टी कैली नाम की एक भद्र महिला ने संयुक्त राज्य के भूतपूर्व राष्ट्रपति रीगन की पत्नी के बारे में कुछ सनसनीख़ेज़ ख़बरें छापी हैं। यह लेखिका इस प्रकार का साहित्य लिखने में एक विशेषज्ञ मानी जाती हैं और उन्होंने कई बड़े लोगों के व्यक्तिगत जीवन को लेकर इस प्रकार की छीछालेदर पहले भी की है। इनकी इस नई पुस्तक के अनुसार राष्ट्रपति रीगन की पत्नी नान्सी, सिनात्रा नाम के एक व्यक्ति से प्रणय करती रहीं और वह प्रणय-गाथा राष्ट्रपति भवन के भीतर भी चलती रही। नान्सी पर और अभियोग भी लगाए गए हैं जिनमें कि अपना नाम बदलना, अपने परिवार के साथ दग़ा करना और रीगन साहब के साथ 'बलात्कार' करना प्रमुख हैं। नान्सी रीगन और उसके प्रेमी सिनात्रा के एक साथ होने का एक अंतरंग चित्र 'वाशिंग्टन पोस्ट' नाम के एक पत्र में मुखपृष्ठ पर छापा गया और बेचारे राष्ट्रपति रीगन लज्जा और संकोच के कारण सहम गए। जो व्यक्ति संसार का सबसे ज़्यादा शक्तिशाली माना जाता था वह भी अपनी पत्नी से मात खा गया।

लार्ड माउंटबेटन की पत्नी भी बड़ी उदार महिला थीं। वे पंडित नेहरू से प्रेम करती थीं मगर उनके अतिरिक्त वे न जाने कितने प्रेमियों का पहले ही उद्धार कर चुकी थीं जिनमें लेखक, खिलाड़ी और अभिनेता शामिल थे। उनकी जीवन-गाथा भी हाल ही में प्रकाशित हुई है जो पढ़ने लायक है। इतिहास में ऐसी कई बड़ी नारियां हुई हैं जो अपने अपूर्व रूप के कारण अनगिनत प्रेमियों से घिरी रहीं। महारानी क्लियोपेट्रा करीब दस हज़ार प्रेमी रख चुकी थीं और रूस की साम्राज्ञी कैथरीन के प्रेमिबों की तो सही गिनती किसी को मालूम ही नहीं है। हां, अलबत्ता इतना ज़रूर पता है कि उस उदारमना रानी ने अपने प्रेमियों के ऊपर दस करोड़ रूबल खर्च किए थे।

प्रेमयोग की साधना में पुरुष स्त्री से पीछे कभी नहीं रहे। चार्ल्स

[द्वितीय] और नवाब वाजिद अली शाह की अवैध संतानों की सही संख्या कोई नहीं जान सका। राष्ट्रपति कैनेडी भी प्रेम के धंधे को बड़े पैमाने पर ही चलाते थे, किसी कुटीर उद्योग के रूप में नहीं। अभी-अभी इंग्लैंड के एक किसान ने दावा किया है कि इंग्लैंड की गद्दी पर बैठने का अधिकार मात्र उसे है, महारानी एलिज़ाबेथ [द्वितीय] को नहीं। इस किसान के पास ऐसे सबूत हैं जिनसे पता चलता है कि जार्ज पंचम उसकी माता से प्रेम करते थे और वह जो है वह जार्ज पंचम का ही पुत्र है। इस किसान के इस दावे से ब्रिटेन का शाही घराना बुरी तरह परेशान है। उन्हें डर है कि अपने सारे सबूतों की मदद से पैंसठ वर्ष का यह किसान कहीं अदालत न चला जाए। मज़े की बात यह है कि सबूत इस किसान को इतने वर्षों बाद सहसा अभी-अभी मिले। जाकी कृपा पंगु गिरि लंघै, रंक चलै सिर छत्र धराई ···

इधर एक ऐसा आदर्श प्रेमी नज़र आया कि कुछ कहा ही नहीं जा सकता। जब बारात जा रही थी तो कोई सड़क-दुर्घटना हो गई और दूल्हे को चोट लग गई। मगर वर की हिम्मत सचमुच प्रंशसनीय निकली; वह मरहम-पट्टी करवाने अस्पताल नहीं गया; वह तो सीधा अपनी दुल्हिन का हाथ पकड़ने ससुराल ही गया क्योंकि विवाह का मुहूर्त निकला जा रहा था। प्रेम की गली तो हमेशा से सांकरी ही होती आई और प्रेम करनेवालों को तो सदा कष्ट ही उठाने पड़े। अंग्रेज़ी के प्रसिद्ध लेखक ग्राहम ग्रीन को नोबिल पुरस्कार न मिलने का प्रमुख कारण यह था कि वह स्वीडन की एक ऐसी अभिनेत्री से प्रेम करता था जोकि पहले से ही शादी-शुदा थी। फ्रैंकफ़र्ट में मनचाही लड़की से विवाह संपन्न होने के उपरांत एक युवा व्यक्ति खुशी से इतना ज़्यादा पागल हो गया कि उसने एक साथी की हत्या ही कर दी। शादी के बाद रात जो थी वह हवालात में गुज़री।

प्रेम का मार्ग बड़ा कठिन है। जिगर मुरादाबादी ने ठीक ही कहा था—इक आग का दरिया है और डूब के जाना है। महंगाई

के कारण छोकरी जो है वह नौकरी के बाद ही मिलती है । फिर जो परेशानियां पड़ती हैं उनमें सबसे बड़ी परेशानी होती है लड़की का संगदिल होना । एक शायर ने ठीक ही फ़रमाया है कि "ताज तो बनवाता पर मुमताज़ ना मिली ।" इन रूपवती कन्याओं के बारे में—जो मूर्ख और इस कारण हृदयहीन होती हैं—अकबर इलाहाबादी ने अपना निजी अनुभव इस प्रकार प्रकट किया :

हमने तो आंसुओं की रो रो झड़ी लगा दी
उस बेवफ़ा ने घूम कर छाता लगा लिया । ●

अपराधी साहित्यकार

किस्सा कहने की कला में संसार के सबसे ज़्यादा सफल फ्रेंच उपन्यासकार अलेग्ज़ेंडर ड्यूमा के अनुसार संसार का सारा साहित्य मात्र चार चीज़ों पर ही टिका है और वे चीज़ें हैं युद्ध, प्रेम, अपराध और संस्पेंस । चूंकि साहित्य के संदर्भ में अपराध एक महत्वपूर्ण भूमिका निभाता आया है, आज मैं कुछ ऐसे महान साहित्यकारों की चर्चा करूंगा जो व्यक्तिगत जीवन में कोई छोटा या बड़ा अपराध करते पकड़े गए ।

शेक्सपीयर के बारे में कहा जाता है कि जब वे किशोर थे तो एक सामंत के बगीचे में से सेब चुराया करते थे । कुछ प्रतिभावान् लोगों को संदेह है कि बड़ा होने पर उन्होंने जो महान नाटक लिखे वे उनके न होकर मार्लो के थे । मगर उन पर लगाया गया यह अभियोग अभी तक साबित नहीं हो पाया । सर वाल्टर रैले को फांसी की सज़ा घोषित किए जाने पर भी साढ़े-बारह वर्षों तक 'टावर ऑफ़ लंदन' में क़ैदी रखा गया । इस अवधि के भीतर वह महान सामंत 'विश्व का इतिहास' लिखता रहा । ग़नीमत यही थी कि इस अवधि में उसकी सुंदर पत्नी भी उसके साथ रही । अंत में चलकर इंग्लैंड के सनकी बादशाह जेम्स प्रथम ने [जो खुद भी लेखक था] एक दिन उसकी मृत्यु के आज्ञापत्र पर दस्तख़त कर ही दिए और अगले दिन उस वीर पुरुष की गर्दन कुल्हाड़ी से अलग कर दी गई । सर रैले पर मुकद्दमा तो राजद्रोह का चलाया गया था पर बादशाह ने उसे फांसी जो दी [illegible]ह क्यों दी—इस बारे में विभिन्न इतिहासकारों ने विभिन्न मत प्रकट किए हैं । बहरहाल,

उसकी ऊपर चर्चित पुस्तक अभी भी अमर है। 'पिलग्रिम्स प्रोग्रेस' नामक महान फंतासी का लेखक जान बनयान कुछ धार्मिक मतभेदों के कारण प्रायः जेल में ही रहा और उसका काफ़ी लेखन-कार्य जेल के भीतर ही संपन्न हुआ। अपने समय का वह सर्वश्रेष्ठ गद्य-लेखक था। 'राबिन्सन क्रूसो' का विश्व-विख्यात लेखक डेनियल डिफ़ो भी चर्च के भ्रष्टाचारों पर लिखने के कारण क़ानून की गिरफ़्त में आ गया था। उसे एक ऐसे लकड़ी के खंबे से चौराहे पर बांधा गया जिसके ऊपरी भाग में एक ऐसा खोखला स्थान था जिसमें से उसका सिर आगे की ओर निकाला गया था। उन दिनों के रिवाज के मुताबिक जनता ने उस पर पत्थर और जूते नहीं फेंके; उनके स्थान पर उसके प्रशंसकों ने उसे फल खिलाए और शराब पिलाई। जब उसे जेल में भी क़ैद रखा गया तो जेलर ने उसके प्रति बहुत शिष्टता और भद्रता बरती। मिल्टन बराबर कर्ज़ से दबा रहता था और उसने एक कर्ज़दार से बचने के लिए अपनी अमर कृति 'पैरेडाइज़ लॉस्ट' के सारे प्रकाशनाधिकार एक प्रकाशक को मात्र पांच पौंड में ही बेच दिए थे। अंग्रेज़ी के सर्वप्रथम निबंधकार फ्रांसिस बेकन को भी सरकारी कोष में कुछ गड़बड़ी करने के कारण कई वर्ष जेल में गुज़ारने पड़े थे। 'यूटोपिया' के लेखक सर टामस मोर को हेनरी अष्टम ने प्राणदंड दिया। ओलिवर गोल्डस्मिथ प्रायः कर्ज़ में दबे रहते थे। एक बार जब मकान का किराया न दे पाने के कारण उनकी गिरफ़्तारी का वांरट जारी हो गया तो उन्होंने डॉ. सैमुएल जानसन को उसकी तुरंत ख़बर दी। जानसन ख़ुद फटेहाल रहते थे पर फिर भी उन्होंने एक पाउंड का सिक्का गोल्डस्मिथ के पास उसी समय पहुंचाया। इसके बाद जब वे जल्दी से जल्दी गोल्डस्मिथ के पास पहुंचे तो उन्होंने पाया कि गोल्डस्मिथ उतनी ही देर में उस पाउंड की शराब मंगा कर पी चुके थे। जानसन को बड़ा गुस्सा आया और उन्होंने गोल्डस्मिथ से पूछा कि क्या कुछ ऐसा लिखा हुआ मैटर है जिसके बदले वे किसी प्रकाशक से कुछ रुपया मांग सकें और उन्हें जेल

जाने से बचा सकें ? गोल्डस्मिथ ने काग़ज़ों के पुलिंदों में से एक उपन्यास का मसौदा निकाला जिसे उन्होंने इस कारण नहीं छपाया था क्योंकि वह उसे घटिया समझते थे। डॉ. जानसन ने पांडुलिपि को बीच-बीच में से पढ़ा और उन्हें वह कृति पसंद आई। प्रकाशक ने जानसन के कहते ही उसे काफ़ी रुपया पेशगी दे दिया और गोल्डस्मिथ की जान बच गई। वह उपन्यास 'दि विकार ऑफ़ वेकफ़ील्ड' नाम से छपा और छपते ही प्रसिद्ध हो गया। पिछले दो सौ वर्षों में उस उपन्यास को करोड़ों पाठकों ने पढ़ा है और आज भी वह विश्व की सर्वश्रेष्ठ पुस्तकों में गिना जाता है। गोल्डस्मिथ का सरल व दयालु स्वभाव, उनकी आस्तिकता और सादगी—जितनी इस कृति में स्पष्ट हुई उतनी और किसी कृति में नहीं हुई।

शेरिडन और बायरन भी कर्ज़े से दबे रहते थे। डी. एच. लारेंस के महान उपन्यास 'लेडी चैटर्ले'ज़ लवर' को अश्लील होने के कारण ज़ब्त कर लिया गया। इसी प्रकार जेम्स जायस के उपन्यास को भी अमेरिकन सरकार ने ज़ब्त किया पर जब सारे संसार के बड़े-बड़े लेखकों ने इसका प्रतिरोध किया तो अमेरिका के राष्ट्रपति को वह प्रतिबंध हटाना पड़ा। इस उपन्यास का नाम था 'युलीसिज़'। सर वाल्टर स्काट को भयंकर आर्थिक परेशानियों के कारण 'लाइफ़ ऑफ़ नैपोलियन बोनापार्ट' नाम की पुस्तक लिखनी पड़ी पर उन्होंने ब्रिटेन के प्रधानमंत्री से सहायता नहीं मांगी हालांकि वे उनके घनिष्ठ मित्र थे। 'दि पिक्चर ऑफ़ दि डोरियन ग्रे' जैसे महान उपन्यास के लेखक ऑस्कर वाइल्ड पर भयंकर मुकद्दमा चला और जेल में ही उन्होंने 'दि बैलैड फ्राम दि रीडिंग जेल' नामक अमर कविता लिखी। अमेरिका के अंग्रेज़ी कहानीकार औ. हेनरी [जिनकी तुलना चेख़व व मोपासाँ से की जाती है] एक बैंक में कैशियर थे। उन पर ग़बन का आरोप लगा और अदालत ने उन्हें लंबी क़ैद की सज़ा दी। उनको सज़ा सुनाते समय जज और जूरी के कई सदस्यों की आंखें नम हो गईं और अदालत के

क्लर्क को फ़ैसला पढ़ना पड़ा । इस सारी घटना के संदर्भ में दर्दनाक बात यह थी कि ओ. हेनरी शायद निर्दोष था । ओ. हेनरी की सज़ा अमेरिका के समाचार-पत्रों में प्रथम पृष्ठ पर छपी और अदालत को खुलेआम गालियां दी गईं । जज ने ओ. हेनरी से अपील करने को कहा पर ओ. हेनरी ने वैसा करने से मना कर दिया । ओ. हेनरी ने जज साहब से कहा कि "ईश्वर ने मुझे जेल दी है तो इसमें भी कुछ भला ही छिपा होगा ।" उन्होंने जेल में अनेक अपराधियों की जीवन-गाथा सुनी और उसके बाद उन्होंने न्यायपालिका के विरुद्ध और क़ैदी अपराधियों के पक्ष में अनेक मर्मस्पर्शी कहानियां लिखीं । फ़िलहाल जिस अंग्रेज़ी पुस्तक को लेकर एक देश ने फ़ांसी की सज़ा सुनाई है वह सलमान रश्दी की 'दि सैटेनिक वर्सेज़' नामक पुस्तक है । इस सज़ा ने उनकी पोथी को विश्वप्रसिद्ध कर दिया ।

फ्रांस के कई लेखकों को अदालत के सामने कठघरे में खड़े होना पड़ा । 'मदाम बावरी' के लेखक फ़्लाबर्ट ने अपनी लंबी स्पीच में अदालत को बताया कि उनकी पुस्तक अश्लील न होकर अश्लीलता के विरोध में है । जूरी की सारी महिला-सदस्यों ने भी यही कहा और अंत में उन्हें बाइज़्ज़त बरी किया गया । इसी प्रकार 'कैंडीडा' नामक महान व्यंग्य-उपन्यास के लेखक वाल्तेयर को कई साल की कड़ी क़ैद हुई और उनको अपने जीवन के बेहतरीन युवा वर्ष 'बैस्तील' की कुख्यात जेल में व्यतीत करने पड़े । बाद में एक दिन ऐसा भी आया जब फ्रांस के सम्राट् ने भरे दरबार में उनका हार्दिक स्वागत किया । बाल्ज़क बहुत ठाठ से रहता था, वह भड़कीले वस्त्र पहिनता था और शानदार बग्घी रखता था । बुरी तरह कर्ज़ में दबे रहने के बावजूद वह हमेशा खुश रहता था । उसका कहना था कि अगर उसके कर्ज़ देनेवालों को नींद आ सकती है तो वह क्यों नहीं गहरी नींद सो सकता ? कर्ज़ के दबाव में उसने 'दि ड्राल स्टोरीज़' नामक अश्लील पुस्तक भी लिखी जो लाखों में बिकी । करोड़ों में बिकी ।

रूस में अनेक लेखकों को जेल में रहना पड़ा पर जितना दर्दनाक किस्सा दोस्तोएवस्की का है, उतना शायद और किसी का नहीं। उन्हें राजद्रोह के अपराध में कई और लोगों के साथ फांसी की सज़ा सुनाई गई थी। जिस दिन उन्हें फांसी लगनी थी और जब वे खंभों से बांधे जा चुके थे और 'फायरिंग स्क्वाड' उन्हें जैसे ही बन्दूक की गोलियों का निशाना बनाने जा रहा था वैसे ही एक भागता हुआ घुड़सवार आया और कहने लगा कि "बंदूकें वापिस खड़ी करो क्योंकि महामहिम ज़ार ने इन सबको प्राणदंड के स्थान पर मात्र उम्र क़ैद की सज़ा दी है।" इस घोषणा को सुनकर एक अपराधी उम्र-भर के लिए पागल हो गया। दोस्तोएवस्की ने जेल में अनेक वर्ष गुज़ारे और वहां के जीवन पर आधारित 'दि नोट्स फ्राम दि डैड हाउस' नामक उपन्यास लिखा। स्तालिन जैसे संगदिल तानाशाह तक इस पुस्तक को पढ़ते-पढ़ते भावुक हो जाते थे। साम्यवादी सरकार ने भी कई लेखकों को 'नोबिल पुरस्कार' मिलने पर नाराज़गी दिखाई। इसी कारण उन महान साहित्यकारों की चर्चा न करना भी असंगत ही होगा जिन्हें नाज़ी अधिनायकवाद ने समाप्त किया। जूलियस फूचिक को हिटलर ने अनेक यातनाएं देने के बाद मात्र चालीस वर्ष की आयु में फांसी दे दी। स्टीफ़ेन ज़्वेग ने मानसिक तनाव में आकर आत्महत्या कर ली।

[दो]

अब मैं अपने देश के लेखकों की चर्चा करूंगा। पहले उन लेखकों की चर्चा करूंगा जो मूलतः राजनैतिक नेता थे। जैसा कि हम सभी जानते हैं, लोकमान्य तिलक ने 'गीता-रहस्य' नाम का विख्यात ग्रंथ तभी लिखा था जब वे जेल में थे। पंडित नेहरू ने 'भारत की खोज' और 'मेरी कहानी' नामक प्रसिद्ध ग्रंथ तभी लिखे थे जब वे जेल में थे। यशपाल एक सक्रिय क्रांतिकारी थे और उन्हें आठ वर्ष की क़ैद सुनाई गई थी। प्रेमचंद की भी

ब्रिटिश सरकार से खूब चलती थी। इसी कारण उन्हें नाम तक बदलना पड़ा। पर उन्होंने विदेशी हकूमत के सामने कभी घुटने नहीं टेके। एक बार एक बड़ा मज़ेदार किस्सा हुआ। ज़िले के अंग्रेज़ कलेक्टर से ही उनकी सीधी झड़प हो गई जबकि वे सिर्फ एक मामूली मुदर्रिस ही थे और ज़माना था जलियांवाले बाग़ का। उनके घर और कलेक्टर की कोठी के बीच में सिर्फ़ एक सड़क का फ़ासला था। वे घर के बाहर बैठे दोस्तों के साथ गप कर रहे थे कि कलेक्टर साहिब बहादुर ने उन्हें इशारे से बुलाया और पूछा कि "जब मैं शाम को टहलने निकलता हूं तो आप सड़क पर आकर मुझे सलाम क्यों नहीं करते ?" मुंशी प्रेमचंद ने जवाब दिया कि "मैं अपने काम में मशगूल रहता हूं और यह मेरी कोई ड्यूटी नहीं है कि सड़क पर टहलते किसी साहब को सलाम करने मैं बाहर आऊं चाहे वह कितना भी बड़ा अफ़सर क्यों न हो।" इसके जवाब में कलेक्टर ने कुछ अभद्रता और अशिष्टता दिखाई। प्रेमचंद ने अगले ही दिन अदालत में कलेक्टर के ख़िलाफ़ मुकद्दमा दर्ज करवा दिया। सारे गोरखपुर शहर को रातोंरात सारी बात का पता लग गया। एक हफ़्ते तक शहर के रईसों ने और सेशन-जज ने कोशिशें कीं और तब कहीं मुंशी प्रेमचंद और कलेक्टर साहब में सुलह हुई। इसी तरह स्कूलों के एक इंसपेक्टर ने भी एक दफ़ा उनसे फ़रमाया कि "तुम बड़े मग़रूर हो, मैं तुम्हारे घर के सामने से निकल जाता हूं और तुम हो कि सलाम तक नहीं करते ?" मुंशी जी ने तपाक से जवाब दिया कि "जब मैं स्कूल में होता हूं बस तभी नौकर होता हूं; अपने घर पर तो मैं उसका बादशाह हूं।" इंसपेक्टर तो बेचारा चला गया पर मुंशी जी ने उस पर मानहानि का मुकद्दमा ठोकना चाहा जो दोस्तों के कहने-सुनने के कारण दायर नहीं किया जा सका। हिंदी साहित्य की मुकद्दमेबाज़ी के इतिहास में सबसे दिलचस्प मुकद्दमा वह था जो महाकवि सुमित्रानंदन पंत ने कुछ ग़लत किस्म के लोगों की सलाह पर अपने वर्षों पुराने अभिन्न मित्र बच्चन जी के ख़िलाफ़ इलाहाबाद के सेशन-जज की अदालत में दायर किया था। बच्चन जी तो सम्मन मिलते ही दिल्ली से

प्रयाग पहुंचे और अदालत में हाज़िर हुए पर पंत जी की ओर से उनका वकील ही पेश हुआ। यह मुकद्दमा पंत जी ने वापिस ले लिया। मेरे विचार में यदि यह फ़ौजदारी का मुकद्दमा चलता तो जज साहब अपना फ़ैसला कविता में ही देते। 'पोइटिक जस्टिस' का सिद्धांत यदि यहां काम नहीं आता तो कहां आता ?

बंकिम बाबू ने उन्नीसवीं शताब्दी के अंत में [जब वे एक मैजिस्ट्रेट थे] 'कपाल कुंडला' व 'आनंद मठ'-जैसे विस्फोटक उपन्यास लिखे। शिकायत बहुत ऊपर तक गई पर कुछ किया नहीं जा सका। इसी प्रकार जब शरत् बाबू देशभक्त चित्तरंजन दास के संपर्क में आए तो उन्होंने 'पथेर दावी' नामक उपन्यास लिखा जिसकी सारी प्रतियां पुलिस ने अपने अधिकार में ले लीं। शरत् बाबू ने एक मित्र से पूछा कि 'जेल में खाने को अफ़ीम मिलती है या नहीं ?'' दोस्त ने कहा कि नहीं। इस उत्तर को सुनकर शरत् बोले कि ''ओह, जेलें शायद भद्र पुरुषों के रहने के लिए बनी ही नहीं।'' बहरहाल शरत् बाबू कानून की गिरफ़्त में आते-आते बच गए।

अब यह उचित ही होगा कि मैं फ़ारसी और उर्दू के भारतीय अदीबों के बारे में कुछ बात करूं। 'आईने-अकबरी' के लेखक और शहंशाह अकबर के नौरतन अबुलफ़ज़ल को जहांगीर ने एक हिंदू राजा की सहायता से उस वक़्त कत्ल करवा दिया था जब वह [यानी कि जहांगीर] इलाहाबाद का गवर्नर था। जहांगीर ने तो जो सज़ा पाई वह पाई ही, उस राजा पर अकबर ने आठ करोड़ रुपयों का जुर्माना लगाया। राजा ने यह हत्या दबाव में आकर की थी और वह इतना बड़ा जुर्माना अदा करने की स्थिति में हर्गिज़ नहीं था। महाकवि केशवदास अपने मित्र राजा टोडरमल के पास गए और तब जुर्माना आधा किया गया और उसका भुगतान किस्तों में करने की अनुमति भी प्राप्त हुई। इसी प्रकार हिंदी के अमर कवि अब्दुर्रहीम ख़ानख़ाना को नूरजहां ने क़ैद में डलवाया और उसके साथ वह क्रूरता की गई कि मैं तो उसे बयान भी नहीं कर सकता।

उर्दू में जहां एक ओर ऐसे साहित्यकार हुए जो जज बने [जैसे डा. सर मुहम्मद इक़बाल, आनंद नारायण मुल्ला और 'अकबर' इलाहाबादी] तो काफ़ी शायर ऐसे भी हुए जिन्हें जेल काटनी पड़ी। एक बार किसी संदर्भ में मिर्ज़ा ग़ालिब भी कुछ दिनों जेल में रहे। जेल से छूटे तो उनके दोस्त काले ख़ां ने उन्हें पकड़ लिया और लगे उनकी खातिर करने। मिर्ज़ा साहब के एक दोस्त ने जब उन्हें रिहाई की बधाई दी तो मिर्ज़ा साहिब ने कहा कि "कौन मरदूद क़ैद से छूटा है ? पहले गोरे की क़ैद में था और अब काले की क़ैद में हूं।" उनका उत्तर सुनकर सब लोग हंस पड़े। इसी प्रकार 'दाग़' देहलवी के पिता नवाब शमसुद्दीन को अंग्रेज़ रेजीडेंट को क़त्ल करने के जुर्म में फांसी हुई थी। कुछ लोगों का ख़याल था कि इस मामले में ग़ालिब ने अंग्रेज़ों की मदद की थी मगर मिर्ज़ा ग़ालिब सारी उम्र इस बात से इनकार करते रहे। शराब की लत के कारण ग़ालिब अक्सर कर्ज़े से दबे रहते थे। उर्दू के बड़े शायर—जिन्हें सबसे ज़्यादा सज़ा मिली—सम्राट् बहादुरशाह 'ज़फ़र' थे। लाल किले के दीवाने-ख़ास में [जहां शाहआलम के वक़्त तक कंपनी का गवर्नर-जनरल लार्ड क्लाइव जूते निकालकर आता था, बादशाह को नज़र पेश करता था और बराबर खड़ा रहता था] उस बूढ़े आदमी का कोर्ट-मार्शल किया गया और उसे देश-निकाले की सज़ा दी गई। क़ैद के दिनों में उसे तीस रुपया प्रतिमाह की रक़म बतौर जेबख़र्च के दी जाती थी और हालत यह हो गई थी कि काग़ज़-कलम के न होने के कारण वह जेल की दीवारों पर कोयले से ग़ज़लें लिखा करता था। एक दयालु अंग्रेज़ कलेक्टर ने यह हालत देखी तो उसने काग़ज़-कलम वगैरा का माकूल इंतजाम किया। शहंशाह ज़फ़र की उम्र उस समय अस्सी से ऊपर थी।

पाकिस्तान में भी कुछ उर्दू साहित्यकारों को मुसीबतें उठानी पड़ीं। मंटो पर बाकायदा मुकद्दमा चला, इब्ने-इंशा को देश से निर्वासित किया गया और लगभग यही व्यवहार फ़ैज़ अहमद फ़ैज़ के साथ किया गया।

[तीन]

कुछ लोगों की चर्चा छूट गई है जिसके लिए मैं अपने पाठकों से क्षमा चाहता हूं। शाहजहां का बड़ा शहज़ादा दाराशिकोह साहित्यप्रेमी और उदार विचारों का व्यक्ति था। उसने उपनिषदों का अनुवाद फ़ारसी में करवाया था। जब औरंगज़ेब गद्दी पर बैठा तो धार्मिक अदालत ने दाराशिकोह पर काफ़िर होने का अभियोग लगाया और उसे फांसी दे दी गई। इसी प्रकार पंडित सुंदरलाल ने जब 'भारत में अंग्रेज़ी राज' नाम की प्रसिद्ध पुस्तक लिखी तो उसे छपने से पहले ही ज़ब्त कर लिया गया। महात्मा गांधी ने इसे "एक दिन-दहाड़े डाका" कहकर पुकारा। सर तेजबहादुर सप्रू ने हाईकोर्ट में पं. सुंदरलाल की ओर से ज़बर्दस्त पैरवी की पर वे मुकद्दमा हार गए क्योंकि ब्रिटिश हकूमत पुस्तक की छपाई पर प्रतिबंध लगाने का निश्चय पहले ही कर चुकी थी। लखनऊ के अंतिम नवाब वाजिद अली शाह भी साहित्यकार थे। वे नाटक लिखते भी थे और मंच पर अभिनय भी करते थे। कर्नल स्लीमैन ने अपनी रिपोर्ट में नवाब के "नाचने-गाने" की विशद चर्चा की थी और कर्नल स्लीमैन की रिपोर्ट के आधार पर ही ईस्ट इंडिया कंपनी ने उनसे गद्दी छीनी थी। उर्दू के प्रख्यात लेखक हंसराज रहबर को भी कम्युनिस्ट होने के कारण काफ़ी दिनों 'अंडरग्राउंड' रहना पड़ा। इसी दौरान वे अपने मित्र गोपाल मित्तल से मिलने उनके घर गए। जब उन्होंने गोपाल मित्तल से कहा कि "मैं इस वक़्त अंडरग्राउंड हूं" तो मित्तल साहब ने हंसकर कहा कि "हरामज़ादे, तू इस वक़्त तीसरी मंजिल पर है, अंडर ग्राउंड नहीं।" प्रकाश पंडित ने जब उर्दू महिला-कहानीकारों की कहानियों का एक संग्रह छापा तो एक कहानी को लेकर मुकद्दमा चला। इस मुकद्दमे में 'जोश' मलीहाबादी और देवेंद्र सत्यार्थी को गवाही देनी पड़ी हालांकि अदालत ने उनकी बात नहीं मानी। 'जोश' साहब ने तो भरी अदालत के सामने कहा था कि जो आदमी इस पुस्तक को अश्लील कहता है, वह खुद अश्लील विचारों का

व्यक्ति है। इस्मत चुग़ताई की एक कहानी 'लिहाफ़' के ख़िलाफ़ भी मुकद्दमा चला था। न जाने कितने और ऐसे साहित्यकार हैं जिनको उनकी निर्भीक कलम ने अदालत तक घसीटा। मैं खुद एक छोटा-सा साहित्यकार हूं और इस कारण अब तक कोई मुकद्दमा तो नहीं चला पर धमकियां और वकीलों के नोटिस कई बार मिले। सबसे ज़बर्दस्त धमकी मेरे पच्चीस वर्षों के आत्मीय उपेन्द्रनाथ 'अश्क' ने दी थी जो मुझ पर दीवानी और फ़ौजदारी—दोनों तरह का मुकद्दमा करने को उतारू थे। ग़लती मेरी थी क्योंकि मैंने उनके बारे में जो एक कड़वा मज़ाक लिखा था वह ग़लत जानकारी पर आधारित था। मैंने जब 'सारिका' में माफ़ी मांगी तो उन्होंने मुझे एकदम माफ़ कर दिया जो उनके स्वभाव के एक एकदम अनुकूल था।

[चार]

निबंध काफ़ी लंबा हो गया। साहित्यकारों पर पड़ी विपत्तियों को पढ़कर आप भी मेरी भांति उदास हो गए। आपके इस मनहूस 'मूड' को बदलने के लिए मैं राजा मेहंदी अली ख़ान का वह कलाम पेश करता हूं जिसमें उन्होंने अपने पूर्वजों की कीर्ति की गाथा गाई है और जिसको लेकर उन पर कभी कोई मुकद्दमा नहीं चला :

जी, इस बन्दे को वैसे तो अबू-दाउद कहते हैं
बहुत से मेहरबां लेकिन अबुल मरदूद कहते हैं,
मेरे वालिद फ़रीदाबाद के मशहूर डाकू थे
ख़ुदा बख़्शे उन्हें अपने ज़माने के हलाकू थे,
फ़र्रुख़ाबाद का थाना मेरे नाना ने लूटा था
वो ग्यारह सेर का ताला उसी बन्दे से टूटा था,
नहीं था चोर कोई शहर में दादा के पाए का
चुरा कर घर में ले आए थे कुत्ता वायसराए का,
मेरे मामूं के जाली नोट अमरीका में चलते थे

हज़ारों चोर डाकू उनकी निगरानी में पलते थे,
मेरे फूफा छटे बदमाश थे अपने ज़माने के
खुदा बख़्शे, बहुत शौकीन थे वे जेलखाने के,
मेरे ख़ालू कभी न्यूयार्क में जेबें कतरते थे
लबे-साहिल वे ग्यारह औरतों से इश्क करते थे,
लकड़नाना वली अल्लाह थे, सोना बनाते थे
हसीं बेवाओं को रो रो कर सीने से लगाते थे,
ससुर साहब सखावतपूर की रानी भगा लाए
मेरे हम-ज़ुल्फ़ उनकी तीन बहिनों को उठा लाए,
चचा मेरे बहुत मशहूर थे फ़न्ने रज़ालत में
मुकद्दमा हार कर वे नंगे नाचे थे अदालत में,
मेरे भाई ने की थी फ़ोर-ट्वन्टी चीफ़ जस्टिस से
वो जब बिगड़ा, जला दीं मूंछ उसकी अपनी माचिस से,
बड़े वो लोग थे लेकिन यह बन्दा भी नहीं कुछ कम
खुदा का फ़ज़्ल है मुझ पर नहीं है मुझको कोई ग़म,
मेरे मामूली शागिर्दों ने चौदह बैंक लूटे थे
मेरी कोशिश से बाइज़्ज़त बरी होकर वो छूटे थे,
अदालत मानती थी मेरी क़ानूनी दलीलों को
कराया मैंने अंदर शहर के पंद्रह वकीलों को,
अठारह डाकुओं की पगड़ियां मैंने उतारी थीं
कमर के थोड़ा नीचे ठोकरें भी उनके मारी थीं,
जो दिन मैंने गुज़ारे वो गुज़ारे शानो-शौकत से
ज़रा कुछ इन दिनों ही मेरे गर्दिश में सितारे से,
मुझे कर लें जो शामिल आप अब अपनी वज़ारत में
यकीनन चंद दिन में आप खेलेंगे करोड़ों में। ●

मेरी षष्ठिपूर्ति

आज मैं साठ वर्ष का हो गया। अज्ञेय जी के शब्दों में "एक दिन और दिनों की तरह आया, और जीवन का एक वर्ष लेकर चला गया।" एक धर्म के अनुसार आदमी की आयु 120 वर्ष होती है और इसी कारण 60 वर्ष की आयु प्राप्त होने पर आदमी को अधेड़ कहा जाता है। कहीं-कहीं तो इतनी आयु प्राप्त होने पर आदमी अपनी सगी पत्नी से दुबारा विवाह करता है। मैंने ऐसा कुछ नहीं किया। आंखों का ऑपरेशन हो गया, दांत टूट गए। कोई भी दांत ऐसा नहीं निकला जो न्यूटन के दांतों की भांति भाग्यशाली होता। सर आइज़क न्यूटन का एक दांत सन् 1816 में 730 पाउंड में बिका था; उसे एक अमीर ने अपनी अंगूठी में नग के स्थान पर जड़वा लिया था। बेल्ज़ियम में एक व्यक्ति के दांत इतने मज़बूत थे कि उसने दांतों के बीच एक तार दबाकर एक हैलीकोप्टर को उड़ान भरने से रोक दिया था। मेरे केश सफ़ेद नहीं हो पाए; खिज़ाब लगाने के कारण "केशव केसन अस करी" वाली स्थिति नहीं आई। काम, क्रोध, मोह, लोभ—इनमें से क्रोध और लोभ काफ़ी कम हो गए। आदमी तब बूढ़ा होता है जब वह वैसा महसूस करने लगता है और स्त्री तब वृद्धा मानी जाती है जबकि वह वैसी दिखने लगती है। अगर यह कहावत सत्य है तब तो शायद मैं युवा ही मरूंगा। वृद्धावस्था मेरे-जैसे व्यक्ति के लिए बनी ही नहीं।

यह स्वाभाविक है कि आज के दिन पुराना जीवन याद आए। मेरा बचपन बड़े कष्टों में और बहुत ही ज़्यादा ग़रीबी में बीता। सारे

भाई-बहिन इलाज न होने के कारण एक-एक कर मर गए। ईश्वर की कृपा से मैंने किसी तरह उच्च शिक्षा प्राप्त की, देश की एक बड़ी सेवा के लिए चुना गया और साहित्य की सेवा करने की प्रवृत्ति मिली। सत्ताईस वर्ष निरंतर लिखने और छपने के बावजूद कभी-कभी संपादकों की ऐसी कृपा मिलती है कि उसे शब्दातीत ही कहा जा सकता है। एक प्रमुख पत्रिका को मैंने 'निराला की कविता में हास्य-व्यंग्य' नाम का निबंध भेजा तो संपादक-प्रवर ने पूछा कि कृपया लिखें कि कविता के जो उद्धरण मैंने उस लेख में दिए हैं वे निराला की कौन-कौन-सी कविता-पुस्तक से लिए गए हैं क्योंकि यदि उन पुस्तकों का नाम लेख में नहीं दिया गया तो पाठक समझेंगे कि वे काव्यांश निराला के न होकर रवीन्द्रनाथ त्यागी के हैं ! इसी प्रकार एक और भी बड़ी पत्रिका के संपादक ने मेरे लेख में दिए एक शेर में [दारा रहा न रहा सिकंदर सा बादशाह...] 'दारा' के स्थान पर 'दाराशिकोह' छापा। उस ग़रीब ने इतिहास का ज्ञान अपने से उतनी ही दूर रखा था जितना कि साहित्य का ज्ञान। और इस सबके बाद जो शोषण प्रकाशक करते हैं उसका तो कहना ही क्या ! यह मेरा दुर्भाग्य ही रहा कि मैं साहित्यकार बना; वाचस्पति पाठक और गोपालस्वरूप पाठक की भांति यदि मात्र पाठक ही रहता तो कहीं ज़्यादा श्रेयस्कर रहता। हां, अलबत्ता इस बात के लिए मैं ईश्वर के प्रति हृदय से कृतज्ञ हूं कि उसने मुझे ऐसा मन और ऐसी बुद्धि दी कि मैं संसार के महान साहित्यकारों को पढ़ सकूं और उनकी कला को अनुभूत कर सकूं। मल्लिनाथ ने ठीक ही कहा था : माघे मेघे गतं वयः—माघकाव्य पढ़ने और मेघदूत पढ़ने में उम्र निकल गई।

आज मैंने कुछ निश्चय किए। यह निश्चय किया कि संपादकों और प्रकाशकों को छोड़कर किसी दूसरे से दुर्व्यवहार नहीं करूंगा। नए लेखकों को छोड़कर किसी को निरुत्साह नहीं करूंगा। धूम्रपान मात्र छः सिगरेट प्रतिदिन के हिसाब से करूंगा क्योंकि उनके दाम रोज़ बढ़ते ही जा रहे हैं।

आयकर विभाग व पड़ौसियों को छोड़कर किसी से झूठ नहीं बोलूंगा। जब तक पैसा खर्च न हो तब तक सबसे प्रेम करूंगा, दयालु रहूंगा। उन लोगों को छोड़कर जो मुकद्दमा चला सकते हैं [जैसे मेरे पुराने आत्मीय उपेंद्रनाथ 'अश्क'] सबकी निंदा नाम लेकर करूंगा। रूपवती विधवाओं और अतिरिक्त धन के अलावा किसी और वस्तु की कामना नहीं करूंगा। सारी दिनचर्या में से पंद्रह मिनट किसी तरह निकालकर उन्हें ईश्वर की उपासना में अवश्य लगाऊंगा। जो व्यक्ति शरीर, मन, बुद्धि, और आत्मा—इन चारों का सुख साथ-साथ नहीं प्राप्त करता वह पूर्ण रूप से विकसित नहीं कहा जा सकता। इसके अलावा एक आदमी को और क्या चाहिए ? आदमी खाली हाथ आता है, खाली हाथ जाता है। ना कुछ तेरा ना कुछ मेरा, चिड़िया रैनबसेरा रे। पुत्र भी नदी तक ही साथ जाता है—आगे नहीं [चाणक्य]

कुल मिलाकर मेरा यह जीवन साधारण ही रहा। न मैं विश्व का सबसे लंबा या मोटा व्यक्ति ही बना और न सबसे नाटा और पतला ही। जान मिनाक इतना मोटा था कि उसे करवट तक बदलने के लिए तेरह व्यक्तियों की मदद लेनी पड़ती थी। मैं यार्कशायर की मिसेज़ सारा क्राश भी कभी नहीं बनूंगा जिसकी मृत्यु के समय उसके 397 नाती-पोते और पड़-नाती तथा पड़-पोते थे। डोन्ना ग्रिफित्स को एक वर्ष में दस लाख छींकें आई थीं। मिस्टर मेकग्रू को तीन लाख चालीस हज़ार वोल्ट का बिजली का झटका लगा था और फिर भी उन्हें कुछ नहीं हुआ। जान मैकफ़र्सन ने आठ घंटों के दौरान साढ़े-चार हज़ार सुंदरियों के चुंबन लिए थे। ब्रिटेन के गैरी हार्ली ने 60 मिनट में 987 व्यक्तियों की हजामत संपन्न की थी। हेनरीटा राबिन्सन नाम की महिला ने इलाज से बचने के लिए अपने लड़के की टांग कटवाई, उम्र भर ठंडा दलिया खाया और मरते वक़्त उसके सिर्फ़ एक बैंक में ही तीन करोड़ चौदह लाख डालर जमा थे। फ्रांस के मिशेल लॉतीतो ने अपने जीवन में, भोजन के अतिरिक्त दस साइकिलें, एक ट्राली, सात टेलीविज़न सेट, छह झाड़फानूस और एक

हल्का हवाई जहाज़ खाया था। बहरहाल यदि मैंने यह सबकुछ नहीं किया तो कोई भयंकर भूल भी नहीं की। अमेरिका के रुपवान् करोड़पति जेम्स बैनेट ने तेईस वर्ष की अवस्था में ऐसी भयंकर भूल की थी जिसका कि जवाब नहीं। यह नवयुवक एक शाम नशे में धुत् होकर अपनी मंगेतर के घर एक पार्टी में सम्मिलित होने गया। वहां पता नहीं कैसे, उसने फ़ायर- प्लेस में सैकड़ों लोगों के सामने मूत्रदान कर दिया। उसके इस असभ्य व्यवहार से क्षुब्ध होकर उसकी मंगेतर ने खुलेआम उससे विवाह करने को मना कर दिया और सगाई की अंगूठी उसे लौटा दी। निराशा के उस दौर में उसके मूत्र- धर्मी प्रेमी ने अपनी करोड़ों डालर की संपत्ति सट्टे पर लगा दी और वह सब डूब गई। मात्र ग़लत जगह पेशाब करने से ही प्रेमिका भी गई और असीम संपत्ति भी। वह कंगाल और पागल हो गया।

यद्यपि मैं एक सामान्य व्यक्ति ही रहा पर मैं फिर भी भगवान् के प्रति बुरी तरह कृतज्ञ हूं। मैं सौम्य, शालीन, संभ्रांत, शिष्ट, सरल, कर्मठ, बुद्धिमान और हंसमुख व्यक्तिहूं। भगवान् चाहता तो मुझे अष्टावक्र बना सकता था। इतनी भयंकर परिस्थितियों में भी इलाहाबाद युनिवर्सिटी से एम.ए. में सर्वोच्च स्थान प्राप्त किया हालांकि उसके बावजूद मैं विश्वनाथ प्रताप सिंह, विनोदचंद्र पांडेय, गोपीकृष्ण अरोरा नहीं बन पाया जोकि मेरे समकालीन थे। भयंकर मानसिक रोग से ग्रस्त होते हुए भी मैं केंद्रीय सरकार के उच्च पद से रिटायर हुआ। सारे देश की यात्रा की, हवाई जहाज़ से उड़ा और शानदार कोठियों में रहा। भारत सरकार के सर्वोच्च स्तर को पास से देखा। इतनी ग़रीबी से उठकर शानदार बंगला, मोटर और लाइब्रेरी, खड़ी की। सर्वगुणसंपन्न पत्नी, नितांत होनहार व आज्ञाकारी दो बच्चे और वैसे ही उनके जीवनसाथी मिले। इतने बड़े-बड़े लोगों का मित्र या रिश्तेदार बना। इतना पढ़ा और इतना लिखा। 'मानसिक अवसाद' के अतिरिक्त और कोई बीमारी नहीं हुई। न जाने कितनी तरह के सुख कितनी बार भोगे। इतना क्या कम है ? और वह

भी उस देश में जिसमें करोड़ों लोग अंधे, कोढ़ी, अपंग, नंगे और भूखे हैं ? प्रजातंत्र के नाम पर नेता लोगों ने देश खा डाला । चक्रवर्ती श्री राजगोपालाचारी ने ठीक ही कहा था कि यदि सक्षम विरोधी पार्टी न हो तो प्रजातंत्र, तानाशाही से भी कहीं ज़यादा भयानक हो जाता है—इसमें संदेह नहीं ।

अब प्रश्न यह उठता है कि शेष जीवन में साहित्य-सेवा और साहित्य-सेवन—इन दोनों के अतिरिक्त क्या करूं ? निराशावादी कहते हैं कि मैं सठिया गया जबकि आशावादी कहते हैं कि साठा सो पाठा । सोचता हूं कि वायलिन सीख लूं । फिर ख़याल आता है कि संन्यासी हो जाऊं । फिर सोचता हूं कि कहीं इश्क कर लूं । मंटो ने लिखा है कि वृद्धावस्था का प्रणय तीव्रतम होता है और मेरे विचार में यह प्रेम 'आयौवन' न चलकर 'आजीवन' ही चलता है क्योंकि वृद्ध व्यक्ति आखिर कितना जिएगा ? हैरी स्टीवेंस ने 103 वर्ष की कच्ची उम्र में विवाह किया था और उसकी बालिक़ा-वधू उस समय मात्र 84 वर्ष की थी । हालीवुड के एक कलाकार ने कितने तलाक लिए और कितने विवाह किए—इसका उसे स्वयं कुछ पता नहीं । चौदह बार तो उसने उसी युवती से शादी की जिसे वह तेरह बार बाक़ायदा तलाक दे चुका था । सारी ग़लती भगवान् की है । ख़ुदाया कैसी-कैसी सूरतें तूने बनाई हैं, कि हर सूरत कलेजे से लगा लेने के क़ाबिल है । इलाहाबाद का 'अकबर' वहां के अमरूद से कहीं आगे निकल गया ।

मेरी षष्ठिपूर्ति के इस ऐतिहासिक अवसर पर न कोई गोष्ठी हुई, न कोई शोक-सभा । किसी पत्रिका ने इस पर कुछ नहीं छापा । ठीक भी है, दस लाइनें मेरे बारे में छपतीं तो उनका वह स्थान बेकार जाता जिसमें उतना बड़ा 'मोटापा घटाने' का विज्ञापन छपता । वैसे मैंने भी यह सूचना किसी को नहीं दी थी । आज मेरा खुशमिज़ाज दिल भी उदास है और इसी कारण शायर का यह कलाम यूं ही ज़ुबान पर बार-बार आ रहा है :

चला जाता था एक नन्हा सा कीड़ा रात काग़ज़ पर
बिला क़स्दे-ज़रर उसको हटाया मैंने उँगली से ॥
मगर वह इतना नाज़ुक था कि फ़ौरन पिस गया बिल्कुल
निहायत ही ख़फ़ीफ़ एक दाग़ काग़ज़ पर रहा उसका ॥
अभी वो रोशनी में शमअ की काग़ज़ पै फिरता था
अभी यूँ मिट गया जंबिशे-अंगुश्ते-इंसा से ॥
लिया मेरे सिवा नोटिस ही किसने उसका दुनिया में
थी फ़ितरत की क्या कारीगरी उसके बनाने में ॥
नसवनामा भी उसका आलमे-ज़र्रात में होगा
यही थी उसकी हस्ती और उसमें उसकी मस्ती थी ॥
न मातम करने वाला है, न लाइफ़ लिखने वाला है
वो धब्बा-दर्से-इबरत दे रहा है मुझको ऐ 'अकबर' ॥
मआज़ अल्लाह क्या समझा है तूने अपनी वक़अत को
मुझे भी सफ़हे-रुवे-ज़मीं से एक दिन आख़िर ॥
मिटा देगी कोई तहरीक फ़ितरते-हुक्मे-बारी से
अजब हैरत से मैं हूं देखता इस दाग़े-काग़ज़ को ॥
मेरी नज़रों में नक्शा ये है, दुनियाये पानी का
सरीहन जिस्म था एक जान थी अहसास था उसमें ॥
और अब धब्बा सा है क्या जाने कोई कैसा धब्बा है
अजब क्या है जो समझे कोई पेन्सिल की लकीर इसको ॥
मआज़ अल्लाह, मआज़ अल्लाह, सन्नाटे का आलम है
बहुत जी चाहता है रोऊँ इस हस्ती के धब्बे पर ॥
ये हैं बरसात के दिन, तीसरी भादों गुज़रती है
मैं अपना ग़म ग़लत करता हूँ, कुछ अशआर लिखने से ॥ ●

क्या क़ानून सचमुच अंधा होता है ?

क़ानून उस पदार्थ का नाम है जोकि ज़्यादातर अदालतों में प्रयोग किया जाता है। अदालत उस लंबे कमरे को कहा जाता है जिसमें एक अदद जज होता है जोकि हमेशा बैठा रहता है, एक अदद अभियुक्त होता है जोकि हमेशा खड़ा रहता है और कुछ अदद गवाह और वकील होते हैं जोकि कभी खड़े हो जाते हैं और कभी बैठ जाते हैं। इन लोगों के अतिरिक्त कुछ तमाशबीन भी होते हैं जिनके बैठने या खड़े रहने के बारे में निश्चयपूर्वक कुछ नहीं कहा जा सकता।

आप में से कुछ शंकालु पाठक यह ज़रूर जानना चाहेंगे कि मेरे जैसे कवि और व्यंग्यकार का भला अदालत से क्या वास्ता ? इस संदर्भ में मैं आपको कुछ सूचनाएं देना चाहूंगा। पहली सूचना तो यह है कि कभी मैं स्वयं एक वकील या अपराधी बनना चाहता था मगर परिस्थितियों ने वैसा होने नहीं दिया हालांकि अपने इसी क़ानून-प्रेम के कारण जब मैं देश की सर्वोच्च सिविल सर्विसेज़ की प्रतियोगिता में बैठा तो मैंने 'अंतर्राष्ट्रीय क़ानून' को भी एक विषय बनाया। दूसरी सूचना यह है कि अदालत से मेरा कई बार साबका पड़ चुका है। जब मैं प्रयाग विश्वविद्यालय का छात्र था तो एक बार मुझे [और मेरे साथियों को] दफ़ा एक सौ चवालीस तोड़ने के कारण बाक़ायदा हिरासत में लिया गया और हमारी पेशी एक मैजिस्ट्रेट के सामने हुई। चूंकि हम लोग काफ़ी थे और अदालत में शायद इतनी जगह नहीं थी कि हम सब साथी उसके अंदर आ सकते,

मैजिस्ट्रेट बेचारे खुद ही अदालत से उठकर बाहर बरामदे में आए। बड़े शालीन और स्नेही व्यक्ति थे। उन्होंने हम लोगों से हाथ मिलाया, परिचय पूछा और फिर भविष्य में क़ानून न तोड़ने की सलाह देने के बाद हम सभी लोगों को बाइज़्ज़त रिहा कर दिया। सज़ा न मिलने के कारण हम लोगों को बड़ी ग्लानि हुई। नौकरी में प्रवेश करने के बाद मैं एक बार शिलांग गया जहां डाक-बंगले में मेरे कमरे के भीतर चोरी हो गई। एक एंग्लो-इंडियन ब्रिगेडियर थे जो मुझे लेकर थाने में रिपोर्ट लिखाने गए। पुलिस ने चोर को पकड़ लिया और मेरा चोरी किया गया सामान —जिसमें सबसे ज़्यादा कीमती पदार्थ एक बाक्स-कैमरा था [जिसे मैंने पैंतीस वर्ष पूर्व बीस रुपयों में ख़रीदा था] — बरामद कर लिया गया। इसके बाद मैं तबादले पर प्रयाग चला आया और फिर काफ़ी दिनों बाद मेरे नाम शिलांग की एक अदालत से सम्मन आया ताकि मैं शिलांग जा सकूं और अपने सामान की शिनाख़्त कर सकूं। मेरी पत्नी उन दिनों उस स्थिति में थी जिसे हिंदी में 'गर्भवती' और संस्कृत में 'आसन्न-प्रसवा' कहा जाता है। मेरे एक वकील मित्र ने मेरी ओर से शिलांग की अदालत को एक याचिका भिजवाई जिसमें यह प्रार्थना की गई थी कि मेरी एकमात्र पत्नी की स्थिति देखते हुए मुझसे प्रयाग की ही किसी अदालत में पूछताछ कर ली जाए। मेरी प्रार्थना स्वीकृत हो गई। प्रयाग के एक मैजिस्ट्रेट की अदालत से एक दिन मेरे लिए बाक़ायदा निमंत्रण आया और मैं अदालत गया। मैजिस्ट्रेट काफ़ी सज्जन किस्म के प्राणी थे। जब मैंने शिनाख़्त के लिए सामान मांगा तो अदालत को सहसा यह पता लगा कि मेरा कैमरा ग़ैरहाज़िर था। मुकद्दमा वहीं ख़त्म हो गया। जिस कैमरे को पुलिस ने इतनी तत्परता के साथ मुजरिम के पास से पकड़ा था, ठीक वही कैमरा अदालत के मालखाने से अंतर्धान हो गया। तीसरी सूचना यह है कि त्यागी जाति का अदालतों से बड़ा घनिष्ठ संबंध है। मेरी जाति के कई लोग डिस्ट्रिक्ट एवं

सेशन्स-जज बने जिनमें से दो तो मेरी पत्नी के बेहद निकट के रिश्तेदार ही रहे। इसके अतिरिक्त मेरी ही जाति के दो शालीन व्यक्ति हाईकोर्ट के भी जज बने। इन दो विभूतियों में से एक विभूति ने तो कमाल ही कर दिखाया। हुआ यह कि जब वे हाईकोर्ट के जज थे तो पता नहीं कैसे, मुख्य न्यायाधीश की मृत्यु हो गई और वरीयता के आधार पर वे 'कार्यवाहक मुख्य न्यायाधीश' बन गए। इस दुर्घटना के कुछ ही दिन बाद प्रदेश के गवर्नर की भी मृत्यु हो गई और इन सज्जन को प्रदेश का 'कार्यवाहक राज्यपाल' भी बनना पड़ा। इसके बाद उनकी कोई और पदोन्नति नहीं हुई जिसका उन्हें बड़ा अफ़सोस रहा। और हां, कुछ लोग यदि न्यायाधीश बने तो कुछ पक्के अपराधी भी निकले। मेरे परिवार का एक व्यक्ति बड़ा प्रख्यात डाकू बना और बाद में उसे फांसी भी हुई। एक तरफ़ मेरी जाति ने यदि जजों को जन्म दिया तो दूसरी ओर अपराधी भी देश को दिए। ठीक वही स्थिति जो कभी अकबर इलाहाबादी ने पकड़ी थी : शेख़जी के दोनों बेटे बाहुनर पैदा हुए, एक खुफ़िया पुलिस में हैं एक फांसी पा गए। वैसे भी अदालतों का हास्य-व्यंग्य से बड़ा घनिष्ठ संबंध है। जितना लाजवाब मज़ाक कभी-कभी अदालतों में चलता है, उसका आनंद कहीं अन्यत्र पाना दुर्लभ है। और अंतिम सूचना यह है कि साहित्य का अदालत सें निकट संबंध सदा से रहा ; वाल्तेयर, फ़्लावर्ट, ओ. हेनरी, ऑस्कर वाइल्ड, दोस्तोएवस्की, फ्रांसिस बेकन—सब पर भयंकर मुकद्दमे चले। कुछ को मात्र जेल ही हुई मगर दोस्तोएवस्की को तो मृत्युदंड दिया गया जो परमपिता परमात्मा की कृपा से आजीवन कारावास में बदल दिया गया। और ऐसे भी अनेक जज, वकील और अपराधी हुए जिहोंने उच्च कोटि की साहित्य-सृष्टि की। जस्टिस इक़बाल एक बहुत ऊंचे पाए के शायर थे और 'बैलेड फ्राम दि रीडिंग जेल' नाम की अमर कविता ऑस्कर वाइल्ड ने जेल में ही लिखी थी। अदालतों को लेकर उच्च कोटि

का व्यंग्य लिखनेवाला विश्व-प्रसिद्ध हेनरी सिसील पेशे से वकील ही तो था। यही स्थिति सर वाल्टर स्काट, गाल्सवर्दी, चकबस्त, और वृन्दावनलाल वर्मा के साथ रही।

इस प्रबंध के लिखने का तात्कालिक कारण सुप्रीमकोर्ट के भूतपूर्व न्यायाधीश मिस्टर जस्टिस कृष्ण ऐयर का वह ऐतिहासिक साक्षात्कार है जो बाईस एप्रिल सन् उन्नीस सौ नव्वे के 'इंडियन एक्सप्रेस' [दिल्ली संस्करण] में छपा है। उन्होंने कहा है कि "अदालत की मानहानि से संबंधित क़ानून में अब बहुत महत्वपूर्ण परिवर्तन करने आवश्यक हो गए हैं। न्यायपालिका की प्रतिष्ठा धीरे-धीरे गिरती जा रही है और इस दिशा में सबसे ज़्यादा योगदान माननीय जज लोग स्वयं ही दे रहे हैं। देश की जनता का विश्वास न्यायपालिका से उठता जा रहा है। जब देश की जनता बीसवीं शती में जी रही है तब हमारी न्यायपालिका अभी भी अठारहवीं शती में ही जी रही है। जजों की नियुक्ति के संदर्भ में मुख्य न्यायाधीशों की सलाह मानना ठीक नहीं है क्योंकि वे भी पूर्वाग्रह में उतने ही फंसे हैं जितने कि मुख्यमंत्री लोग। अब तो सारी नियुक्तियां राजनैतिक प्रभाव पर निर्भर हैं। न्यायपालिका में संशोधन नहीं वरन् क्रांतिकारी परिवर्तनों की आवश्यकता है। न्यायाधीशों की संख्या में वृद्धि करने मात्र से जो लाखों मुकद्दमे अदालतों में पड़े हैं, वे कम नहीं होंगे। अदालतों में यदि कंप्यूटरों का प्रयोग किया जाए तो वह लाभदायक ही सिद्ध होगा।"

मैं न्यायमूर्ति ऐयर की बहुत-सी उक्तियों से पूर्णतया सहमत हूं। इसमें कोई संदेह नहीं कि पिछले कुछ वर्षों में न्यायपालिका की गरिमा को काफ़ी चोट पहुंची है और जस्टिस ऐयर के शब्दों में इस दिशा में सबसे ज़्यादा योगदान जजों ने स्वयं ही दिया है। देश की सर्वोच्च अदालत तक ने एक विवादास्पद उद्योगपति के मामले पर घर बैठकर विचार किया क्योंकि वैसे गांधी जयंती होने के कारण अदालत बंद थी। विचाराधीन मुकद्दमों की संख्या इतनी ज़्यादा है कि कुछ कहा नहीं जा

सकता । अकेले सुप्रीमकोर्ट में दो लाख से ऊपर मुकद्दमे सुनवाई के लिए पड़े हैं और विभिन्न हाईकोर्टों में पड़े मुकद्दमों की संख्या लगभग बीस लाख है । अदालतों के फ़ैसले भी कम दिलचस्प नहीं हैं । दहेज़ के लिए पत्नी की हत्या करने के अपराध के कारण, सेशन्स-जज ने एक अभियुक्त को अपराधी घोषित किया, हाईकोर्ट ने उसे बरी कर दिया और सुप्रीमकोर्ट ने उसे फिर से अपराधी घोषित किया । तथ्य वही रहे, गवाहियां वही रहीं और क़ानून वही रहा मगर अदालतों के फ़ैसले बदलते गए । मुजरिम अलबत्ता होनहार था; हाईकोर्ट से बरी होते ही उसने दूसरी शादी कर ली थी और जब तक उच्चतम न्यायालय ने उसे फिर से अपराधी स्वीकार किया तब तक उसकी पत्नी [क्रम संख्या दो] बाक़ायदा गर्भवती हो चुकी थी । आम जनता अपनी पिछली टांगों पर खड़ी रही और सारा तमाशा देखती रही । आप हाईकोर्ट जाएंगे तो लोग कहेंगे कि सारा खेल राजनैतिक नेताओं का है और आप ज़िले की अदालत जाएंगे तो सुनने को मिलेगा कि जज लोग जो हैं वे घूस लेते हैं । मैं खुद ऐसे कई न्यायाधीशों को जानता हूं जो भ्रष्ट रहे हैं मगर मैं उनसे घृणा नहीं करता । जज भी पहले आदमी होता है और जज बाद में होता है । न्यायपालिका एक सत्ता है और विलियम शेक्सपीयर ने कहा है कि "सत्ताधारी जो है वह एक ऐसा अड़ियल भालू है जिसे सोने की नकेल से ही वश में किया जा सकता है ।" सुप्रीमकोर्ट के जज श्री रंगास्वामी, मद्रास हाईकोर्ट के चीफ़ जस्टिस श्री वीरास्वामी कठघरे में खड़े हैं । बंबई हाईकोर्ट के जजों पर भी खुलेआम भ्रष्ट होने का इलज़ाम लगाया जा रहा है जो न्यायपालिका को वाकई सरकस या कांजीहाउस के स्तर पर ला रहा है । इससे बड़ी खुशी की बात और क्या हो सकती है ? बोफ़ोर्स केस की सुनवाई में दिल्ली हाईकोर्ट के जस्टिस चावला ने जो पक्षपात दिखाया, उससे न्यायपालिका की इज़्ज़त और भी नीचे चली गई । अदालतों में जो समय लगता है वह भी आम निराशा का एक प्रमुख कारण है । सत्ताईस एप्रिल के

अख़बार के अनुसार एक मुकद्दमे में गवाहों से गवाही लेने मात्र में तेरह वर्ष लग गए। सुनवाई के दौरान सोलह गवाह तो भगवान् को प्यारे हो गए और सरकारी वकील ने पंद्रह गवाहों से गवाही नहीं ली। यदि सारी गवाहियां ली गई होतीं लो शायद सारा काम इक्कीसवीं शताब्दी तक चलता। जहां तक सच्चाई का प्रश्न है, स्थिति यह है कि जस्टिस खोसला ने एक बार रेल में बातचीत करते हुए दो व्यक्तियों के संवाद सुने। एक समझदार इंसान दूसरे इंसान से कह रहा था कि "मैं जो कुछ कह रहा हूं, वह एकदम सच है। यह कोई अदालत थोड़े ही है जोकि मैं झूठ बोलूं ?"

अदालतों की मानहानि के संदर्भ में बैरिस्टर पी. आर. दास की याद आना स्वाभाविक ही है। उन्होंने सारी उम्र अदालत की मानहानि की मगर फिर भी इस मुद्दे को लेकर वे स्वयं किसी परेशानी में कभी नहीं पड़े। एक बार हाईकोर्ट के एक जज की टिप्पणी सुनकर उन्हें गुस्सा आ गया और उन्होंने जज से तुरंत पूछा कि "यह बात कौन साला कहता है ?" जज ने शांतिपूर्वक उन्हें देखा और पूछा कि "आप अदालत को गालियां दे रहे हैं और ऐसा करना क्या आपको शोभा देता है ?" दास साहब ने उत्तर में तुरंत कहा कि "मैंने कोई गाली कभी नहीं दी। मैं तो मात्र यह पूछ रहा था कि आपकी जो टिप्पणी थी उसे कौन-सा लॉ [Law] यानी कि क़ानून कहता है ?" एक बार जब वे प्रिवी काउंसिल में बहस कर रहे थे तो उन्हें सहसा पता लगा कि जज साहब जो हैं वे नितांत मूर्ख हैं और वे उनके वक्तव्य का एक अंश भी समझने की कोशिश नहीं कर रहे हैं। उन्होंने जज से बड़ी विनम्रता के साथ पूछा कि "यौर लार्डशिप, यदि मैं आपको एक गधा कहकर पुकारूं तो क्या आप मुझ पर मानहानि का मुकद्दमा चलाएंगे ?" जज ने कहा कि "अवश्य।" उनका उत्तर सुनकर दास साहिब ने बड़ी नम्रता के साथ निवेदन किया कि "यदि ऐसी स्थिति है तो मैं आपको गधा हर्गिज़ नहीं कहूंगा।" प्रिवी काउंसिल

के सारे सदस्य उनका उत्तर सुनकर हंस पड़े।

अदालतों के प्रति जनता का आदर प्राप्त करने के लिए देश की सरकार व न्यायपालिका को बहुत कुछ करना पड़ेगा। पहला कदम तो यह होगा कि जजों की अपार शक्ति को ध्यान में रखते हुए उनके वेतन और शेष सुविधाएं प्रदान करने की दिशा में सरकार को ठोस कदम उठाने होंगे। जजों का वेतन बहुत ज़्यादा होना चाहिए ताकि उनका स्वाभिमान बढ़े क्योंकि वैसे आमदनी का और ईमानदारी का कोई प्रत्यक्ष संबंध नहीं है। करोड़पति सेठ सरकार के साथ ऐसा धोखा करते हैं कि एक बार तो हमारे वित्तमंत्री और वित्तसचिव—दोनों को नौकरी छोड़नी पड़ी थी जबकि बिहार के एक भिखमंगे ने हाल ही में अपनी जीवन-भर की संपत्ति [यानी कि चार हज़ार तीन सौ छियानवे रुपए] मरने से पहले बाकी भिखारियों की मदद करने के लिए प्रधानमंत्री के राहत कोष के लिए छोड़ दी। वेतन के अतिरिक्त ज़िले के न्यायाधीशों के लिए सरकारी वाहन व उनके निवास-स्थान का पूरा-पूरा ध्यान रखा जाना चाहिए। पहले सारे ज़िले में मात्र एक जज होता था जिसके लिए अंग्रेज़ी हकूमत एक बड़ा बंगला [जिसे 'सेशन्स हाउस' या 'जजेज़ हाउस' कहा जाता था] सुरक्षित रखती थी। इधर स्थिति इतनी नाज़ुक हो गई है कि फ़ौजदारी ने घरेलू उद्योग का रूप धारण कर लिया है और इसी कारण एक ज़िले में कभी-कभी पांच-पांच तक फ़ौजदारी की अदालतें होती हैं। मगर जहां तक जज के मकान का प्रश्न है, वह अभी भी एक ही चल रहा है। मैंने प्रयाग में एक ऐसे ईमानदार सब-जज को देखा है जो एक कोठी की गराज में रहते थे और साइकिल पर अदालत जाते थे। यह खुशी की बात है कि न्यायपालिका में अभी भी आधे से ज़्यादा अधिकारी कर्मठ, बुद्धिमान, परिश्रमी और नितांत ईमानदार हैं। अदालतों के फ़र्नीचर, जजों के गाउन का कपड़ा, उनके तथाकथित 'चेंबर' की स्थिति पर भी ध्यान दिया जाना है। मैंने ऐसी कोई अदालत नहीं देखी जिसके कठघरों पर वार्निश किया गया हो, हां, अलबत्ता ऐसी अदालतें अवश्य देखी हैं

जिनमें कठघरे थे ही नहीं। हां, हाईकोर्ट व सुप्रीमकोर्ट में इन बातों का पूरा-पूरा ध्यान रखा जाता है हालांकि सरकारी वकील का कमरा वहां भी कांजीहाउस की ही याद दिलाता है—अदालत की नहीं। सरकार को ऐसा वातावरण बनाना चाहिए कि बड़े-बड़े वकील भी जज बनना चाहें। यहां मुझे दक्षिण के एक प्रसिद्ध बैरिस्टर की याद आ रही है जिन्हें बहुत कम उम्र में सरकार हाईकोर्ट का जज बनाना चाहती थी मगर जिन्होंने गवर्नर के इस प्रस्ताव को यह कहकर अस्वीकार कर दिया था कि "यौर लार्डशिप, मुझे यह तो मंज़ूर है कि मैं दो घंटे खड़ा रहूं और बकवास करता रहूं मगर मुझे यह कतई मंज़ूर नहीं कि मैं बैठा रहूं और छः घंटों तक बकवास सुनता रहूं।" अदालतों के उद्धार के लिए दूसरा कदम यह होना चाहिए कि सरकारी वकील का वेतन काफ़ी मोटा होना चाहिए ताकि सिर्फ़ वे ही लोग सरकारी वकील न बनें जिनकी अपनी प्रैक्टिस न चलती हो। ऊंची अदालतों में जजों की नियुक्ति में कुछ परिवर्तन करने ज़रूरी हैं। इस संदर्भ में जस्टिस ऐयर ने अपना सुझाव यह दिया है कि उच्च अदालतों में जजों की नियुक्ति व तबादले के लिए एक विशेष कमेटी का गठन किया जाना चाहिए जिसके सदस्य प्रधानमंत्री, विधिमंत्री, उच्चतम न्यायालय के न्यायाधीश, अवकाशप्राप्त प्रतिभावान् व दूरदर्शी जज और जीवन के बाकी क्षेत्रों के प्रख्यात व्यक्ति शामिल होने चाहिए। न्यायपालिका के उद्धार की दिशा में यह तीसरा कदम होगा। चौथा कदम यह होगा कि भविष्य में सरकार जब भी कोई 'लॉ कमीशन' बिठाए तो उसमें किसी पेशेवर अपराधी को सदस्य ज़रूर मनोनीत करे। भुक्तभोगी होने के कारण वह विधिवेत्ताओं की अपेक्षा कहीं ज़्यादा व्यावहारिक सुझाव देगा। यदि पुलिस अकादमी आई.पी.एस. अधिकारियों के सामने लेक्चर देने के लिए प्रख्यात ठग नटवरलाल को आमंत्रित कर सकती है तो ऐसा कोई व्यक्ति विधि आयोग का सदस्य क्यों नहीं बन सकता? सरकार को पांचवां कदम यह उठाना चाहिए कि वह इतने ज़्यादा क़ानून बनाना बंद करे। जितने ज़्यादा क़ानून होंगे, उतने ही अधिक अपराधी

होंगे। छठा कदम यह होगा कि सरकार अपराध कम करने के लिए कुछ मौलिक कदम उठाए। उदाहरण के लिए रूस की सरकार अपराध कम करने के लिए वेश्यालय खोल रही है। ऐसा करने से अपराध कैसे कम होंगे—यह रहस्य ख़ाकसार खुद नहीं जानता। अगला कदम सरकार यह उठाए कि 'ताज़ीराते-हिंद' फिर से लिखा जाए। बहुत कम लोग यह जानते हैं कि लार्ड मैकाले ने 'इंडियन पेनल कोड' का जो ड्राफ्ट तैयार किया वह 'आयरिश पेनल कोड' पर आधारित था। ठीक वही 'आयरिश पेनल कोड' जिसके बारे में ब्रिटेन के महान सांसद एडमंड बर्क ने कहा था कि ''इस कोड का संपादन बड़ी क़ाबलियत के साथ किया गया है और इसके सारे हिस्से एक-दूसरे से खपते हुए हैं। यह एक बहुत पेचीदा मशीन है जिसे बड़ी अक्लमंदी के साथ तैयार किया गया है। कभी भी किसी चतुर पर पतित व्यक्ति ने किसी कौम पर अत्याचार करने, उसे दरिद्र बना देने, उसे चरित्रभ्रष्ट कर देने और उसके अंदर से मनुष्यत्व का सत्यानाश कर देने के लिए इससे अधिक उपयोगी ग्रंथ तैयार नहीं किया होगा।'' इसी कारण 'ताज़ीराते-हिंद' के छपते ही भारतेंदु हरिश्चंद्र ने 'ताज़ीराते-शौहर' व 'अंधेर नगरी' नामक दो ग्रंथ लिखे जो 'इंडियन पेनल कोड' का पर्दाफ़ाश करते हैं। अगला व अंतिम कदम वकीलों और जजों को खुद उठाना है और उसमें बाहर की कोई संस्था उनकी मदद नहीं कर सकती। यह अगला क़दम यह होगा कि जब तक सरकार ऊपर लिखे सुझावों को कार्यान्वित न करे तब तक के लिए वकील और जज—दोनों भूख हड़ताल पर चले जाएं। वकील लोग तो हड़ताल पर वैसे भी जाते ही रहते हैं। एक वकील ने एक कालेज के कामन-रूम में रखे किसी महिला के हैंडबैग में से कुछ चोरी की। बाद में चलकर उन्हीं वकील साहब ने स्त्रियों के स्नानगृह में कुछ अश्लील चीजें लिखीं। पुलिस ने जब उस वकील को गिरफ़्तार किया तो वकील लोग हड़ताल पर चले गए। ठीक इसी भांति बंबई हाईकोर्ट के जज श्री केनिया—जो कई करोड़ रुपयों की संपत्ति से संबंधित एक मुकद्दमे को सुन रहे थे और जिन्हें उसी दौरान

किसी ने धमकी दी थी—आमरण अनशन पर बैठे हैं। जो लोग ज़्यादा जानकारी चाहते हों वे तेईस एप्रिल व पच्चीस एप्रिल का अख़बार पढ़ें। वकीलों ने अपने साथी की हरकतों पर कोई खेद प्रकट नहीं किया, उनकी शिकायत तो मात्र इस बात को लेकर थी कि उसे हथकड़ियां क्यों पहनाई गईं। न दामन पे दाग़, न तलवार पे धब्बा; तुम क़त्ल करो हो या करामात करो हो ?

अदालतों के बारे में संसार के बड़े-बड़े लेखकों ने काफ़ी लिखा है। विक्टर ह्यूगो के 'नेत्रोदेम' व दोस्तोएवस्की के 'ब्रदर्स कैरेमोज़ोव' नामक विश्व के महानतम उपन्यासों में फांसी जो दी जाती है वह निर्दोष व्यक्तियों को ही दी जाती है। अनातोले फ्रांस ने अदालतों के बारे में विस्तार से चर्चा की। उसका कहना है कि "जो लोग यह कहते हैं कि अदालतों में सच्चाई की छानबीन करने के बाद निर्णय दिया जाता है, वे लोग बहुत ख़तरनाक हैं और न्याय के शत्रु हैं। हमारे न्यायाधीश क़ानून के ज्ञाता हैं और इसी कारण वे अपना निर्णय सच्चाई पर आधारित नहीं करते क्योंकि सच्चाई जो है वह सदा संदिग्ध रहती है। वे अपना निर्णय परंपराओं के अनुसार देते हैं जो निश्चित हैं।" आगे चलकर अनातोले फ्रांस कहता है कि "बिना पुलिसमैन के न्यायाधीश पंगु है।" आगे चलकर वह और भी महत्वपूर्ण प्रश्न पूछता है और वह यह है कि "क्या न्याय ने कभी विद्रोहियों और विजेताओं का विरोध किया है ? जब भी किसी अन्यायपूर्ण शासक का उदय हुआ, उसने न्याय को अपने शासन में ले लिया और इस प्रकार उसने अपने को न्यायपूर्ण बना लिया।" मैं अपने पाठकों से हार्दिक अनुरोध करूंगा कि वे अनातोले फ्रांस की 'बूढ़ा तरकारीवाला', नामक कहानी अवश्य पढ़ें। "क़ानून एक बेकार चीज़ है : अच्छे लोगों को क़ानून की ज़रूरत नहीं और बुरे लोग क़ानून की परवाह नहीं करते।" "क़ानून एक गंधा है—बुद्धिमान लोग उसकी सवारी गांठते हैं और मूर्ख लोग उसकी दुलत्ती खाते हैं।"

अब आप रचना काफ़ी पढ़ चुके। अब आप ही इस बात का जवाब

ढूंढ़ें कि क़ानून क्या सचमुच अंधा होता है ? मैं तो सिर्फ़ इतना ही कह सकता हूं कि क़ानून का तो मुझे पता नहीं पर इतना मैं निश्चय के साथ कह सकता हूं कि अपराधी कभी-कभी ज़रूर अंधे होते हैं। एक अदालत ने एक अंधे व्यक्ति को तीस दिन जेल में रखा। पुलिस के अनुसार उस अंधे ने किसी कसूरवार की ज़मानत ली थी जिसे वह अंधा स्वीकार नहीं करता था। अदालत ने उस पर तीन हज़ार रुपयों का जुर्माना किया जबकि उस ग़रीब अंधे के पास सिर्फ़ पांच रुपए थे। जेल में इक्कीस दिन बिताने के बाद एक वकील ने उसका मामला अपने हाथ में लिया और अदालत से पूछा कि आपने इसके अंगूठे के निशान ज़मानत लेनेवाले व्यक्ति के अंगूठे के निशान से बगैर मिलाए सज़ा कैसे दे दी ? इसके बाद जैसे ही वकील साहब ने कलकत्ता हाईकोर्ट के जज मिस्टर हैंडर्सन का निर्णय सुनाना शुरू किया, अदालत ने उस अंधे को रिहा कर दिया। सबसे ज़्यादा दिलचस्प बात इस हादसे में यह रही कि जज जो थी वह एक महिला थी।

अब मैं रचना समाप्त करता हूं। कुछ विधिवेत्ता लोग हंसेंगे कि मेरे-जैसा क़ानून से असंबद्ध व्यक्ति न्यायपालिका के बारे में ऐसे विचार क्यों प्रकट कर रहा है ? वे ठीक हैं। मगर इल्लत यह है कि मैं भी ठीक हूं। जितनी निष्पक्ष और आम जनता की प्रतिनिधि मेरी आवाज़ है, उतनी विधि आयोग की कभी नहीं हो सकती क्योंकि उसके सारे सदस्य या तो जज होंगे या वकील—जो पूर्वाग्रह से पूरी तरह ग्रस्त होंगे जोकि स्वाभाविक है। विशेषज्ञ कहते ही उस व्यक्ति को हैं जो जानता है कि अपेक्षित सुधार किस प्रकार कार्यान्वित नहीं किए जा सकते। एक बात और कहूंगा और बस। यह आखिरी बात यह है कि जज की नौकरी से ज़्यादा गंदी नौकरी दुनिया में और कोई नहीं। अब यह भी कोई ज़िंदगी है कि सारी उम्र आप सुबह से शाम तक डकैतों, जालसाज़ों, हत्यारों और धोखेबाज़ों को ही देखते रहें और यह भी इस शर्त पर कि आप न सिगरेट पी सकते हैं और न पान ही खा सकते

हैं? सच्ची बात तो यह है कि जज की अपेक्षा कम से कम मैं तो अपराधी बनना कहीं ज़्यादा पसंद करूंगा। सरकारी काम से मैं जब भी अदालत गया, मेरा यह विश्वास और भी दृढ़ होता चला गया।

अब मैं मुकद्दमेबाज़ी से संबंधित कुछ दिलचस्प आंकड़े प्रस्तुत करूंगा। विश्व का सबसे लंबा दीवानी का मुकद्दमा सात सौ इकसठ वर्ष तक चला। सबसे लंबा फौज़दारी का मुकद्दमा अमेरिका में चला। इसमें सत्तावन हज़ार काग़ज़, चार सौ गवाह और दो हज़ार सबूत अदालत को दिखाए गए। किसी भी अदालत ने जो सबसे ज़्यादा रक़म की ज़मानत मांगी वह मात्र साढ़े-चार करोड़ डालर की थी। क्यूबा में चले एक हत्या के मुकद्दमे में सतरह हज़ार लोग अदालत देखने आए। विश्व में सबसे अधिक जुर्माना ब्रोन के सुप्रीमकोर्ट ने किया; जुर्माने की राशि मात्र साढ़े-छः करोड़ डालर थी। मानहानि का सबसे महंगा मुकद्दमा अमेरिका की हेनिपिन अदालत में चला जहां एक करोड़ साठ लाख डालर की राशि क्षतिपूर्ति के तौर पर दी गई और इसके साथ-साथ एक करोड़ आठ लाख डालर का दंड अलग से दिलवाया गया। तलाक समझौते में इंग्लैंड की एक अदालत ने सात लाख पाउंड पति से पत्नी को दिलवाए। इसी प्रकार ऐसे ही एक मुकद्दमे में अदालत ने पति से पत्नी के निर्वाह के लिए आठ करोड़ डालर दिलवाए। सबसे लंबा पट्टा सन् 1868 में लिखा गया जिसकी अवधि मात्र एक करोड़ वर्ष है। दुनिया की सबसे बड़ी वसीयत इंग्लैंड के एक व्यक्ति ने लिखी जो चार जिल्दों में है और जिसमें लगभग एक लाख शब्द हैं। सबसे अधिक उम्र के जज अमेरिका के अलबर्ट एलेग्ज़ेंडर थे जिन्होंने एक सौ पांच वर्ष की आयु तक न्यायाधीश की कुर्सी संभाली। लायोलिन लक्खू दो सौ पैंतालीस फ़ौजदारी के मुकद्दमे से बरी हुआ था। बहराम ठग ने नौ सौ इकत्तीस क़त्ल किए थे। पेड्रो लापेज़ ने तेरह वर्ष से कम आयुवाली लगभग तीन सौ लड़कियों की हत्या की थी। अब तक फिरौती में दी गई सबसे ज़्यादा रक़म सतत्तर करोड़ डालर है। एक और अपहरण कांड में ढाई करोड़ पाउंड की राशि बतौर फिरौती के अदा की

गई। बैंक में ग़बन का सबसे बड़ा मामला स्विट्ज़रलैंड में संपन्न हुआ जिसमें सिर्फ़ तीन करोड़ पाउंड की हेराफेरी की गई। जापान में एक ऐसा क़ैदी बंद है जो पिछले चालीस वर्ष से फांसी की प्रतीक्षा कर रहा है। पाल गीडेल ने अपनी पिचासी वर्ष की आयु में से अड़सठ वर्ष जेल में गुज़ारे हैं। आस्ट्रेलिया का एक व्यक्ति किसी न किसी अपराध के कारण अब तक दो हज़ार बार अदालत में पेश किया जा चुका है। अमेरिका का फ्रिस्टो नामक व्यक्ति जेल से छियालीस वर्ष तक फ़रार रहा। इससे ज़्यादा आपको क्या चाहिए ? हां, अलबत्ता मैं यूरोप के उस व्यक्ति को तो वाकई भूल गया जिसे अपने विभिन्न अपराधों के कारण विभिन्न अदालतों द्वारा कुल मिलाकर सिर्फ़ दो सौ पैंसठ वर्ष की बामशक्कत क़ैद की सज़ा सुनाई गई थी।

सारी गंभीर बातों की चर्चा करने के बाद, मैं आपको एक अदालत में घटी एक सच्ची कथा सुनाता हूं। एक व्यक्ति पर एक मकान में सेंध लगाने, कीमती आभूषणों की चोरी करने और घर के एक व्यक्ति पर पिस्तौल चलाने के अपराध में अदालत में पेश किया गया। जब उसका वकील उसे नहीं बचा पाया तो उसने अदालत से एक विनम्र प्रार्थना की। उसने कहा कि "यौर हौनर, यदि आपका फ़ैसला मान भी लिया जाए तो भी आप देखेंगे कि तथाकथित सारे अपराध अभियुक्त के मात्र दाएं हाथ ने किए हैं और इस बात को दृष्टि में रखते हुए क्या यह न्यायपूर्ण होगा कि मात्र एक हाथ के कारण अभियुक्त के सारे शरीर को सज़ा दी जाए ?" जज और जूरी इस तर्क को सुनकर हंस पड़े। बहरहाल अदालत ने बड़ा न्यायपूर्ण फ़ैसला दिया; अदालत ने कहा कि "अभियुक्त के दाएं हाथ को दस वर्ष की कड़ी क़ैद दी जाती है; यह बात अभियुक्त पर ही छोड़ी जाती है कि वह दाएं हाथ के साथ स्वयं जेल जाए या न जाए।" थोड़ी देर बाद सारे वकील, जूरी के सदस्य, जज और बाकी लोग यह देखकर दंग रह गए कि अभियुक्त ने अपने वकील की सहायता से अपना दायां और अपराधी हाथ कोट में से निकाला और उसे अदालत की मेज़

पर रख दिया। उसका वह हाथ नकली था। इसी प्रकार एक बार एक सेठ जी के नाम किसी संदर्भ में अदालत का सम्मन आया। सेठ जी का नाम था घासीराम लक्कड़शाह। क्योंकि सेठ जी एकदम अंधे थे, वे एक नौकर लड़के को अपने साथ अदालत ले गए। जज साहब इत्तफ़ाक से ज़रूरत से ज़्यादा खुशमिज़ाज थे। उन्होंने सेठ जी का नाम पूछा जो सेठ जी ने आदरपूर्वक बता दिया। नाम सुनकर जज साहब ने मज़ाक में कहा कि "वाह, क्या नाम पाया है आपने! मैंने तो ऐसा दिलचस्प नाम अपनी ज़िंदगी में कभी नहीं सुना। नाम का नाम और ईंधन का ईंधन।" जज साहब की यह टिप्पणी सुनते ही बुजुर्ग सेठ जी ने अपने नौकर के मुंह पर थप्पड़ मारा और ज़ोर से कहा कि "अबे, उल्लू के पट्ठे, यहां भांडों की मजलिस में कहां ले आया, हाकिम की अदालत में चल।" अदालती क्षेत्र का सबसे बड़ा मज़ाक यह है कि जब अमेरिका [ओकलहामा] के भूतपूर्व मुख्य न्यायाधीश अर्स वेल्श पर भ्रष्टाचार का मुकद्दमा चला [जिसके कारण उसे तीन वर्ष की क़ैद व 13,500 डालर का जुर्माना अदा करने की सज़ा हुई] तो सुनवाई के दौरान उससे पूछा गया कि क्या उसे ऐसा कोई अवसर याद है जबकि उसने बिना घूस लिए कोई निर्णय सुनाया हो? इस प्रश्न के उत्तर में अभियुक्त ने बताया कि एक न्यायाधीश के रूप में अपने पूरे कार्यकाल में उसे ऐसा एक भी अवसर याद नहीं है। आमीन। ●

एक मुदर्रिस की रामकहानी

पंडित खचेड़ूमल शास्त्री हमारे स्कूल में संस्कृत के अध्यापक थे । बड़े नम्र, विनयी और संकोची । वे स्कूल में चपरासी से लेकर ब्लैकबोर्ड तक की सारी सेवाएं स्वयं ही प्रदान करते थे । प्रातःकाल जब स्कूल खुलता था तो वे सबके सामने प्रधानाध्यापक के चरण छूते थे, प्रार्थना करवाते थे और बाद में सारा दिन स्कूल के ही किसी न किसी काम में व्यस्त रहते थे । आदमी बड़े परिश्रमी थे और इसी कारण उन्होंने एक ओर तो छः वर्ष लगातार फेल होकर भी बी.ए. की परीक्षा प्राइवेट तौर पर पास की थी और दूसरी ओर अपनी दुबली-पतली पत्नी को सात बच्चों का सुख प्रदान किया था । शास्त्री जी का वेतन स्कूलों के इंसपेक्टर के कुत्ते पर ख़र्च किए जानेवाले ख़र्चे से कम था और सैयद मुजतबा अली की अमर बंग्ला कहानी 'पाद-टीका' उन पर एकदम सटीक बैठती थी । वे छुट्टी के दिन स्कूल के मैनेजर के यहां हाज़िरी देने जाते थे और उनके यहां खुशी या ग़मी का सारा भार वे अकेले ही उठाते थे । बड़े लोगों के यहां जब शादियां होती थीं तो सेहरा भी वही पढ़ते थे और जूठे बर्तन भी वे ही साफ़ कर लेते थे । एक बार ऐसी तेज़ हवा आई कि वे घंटों तक पंडाल का एक बांस पकड़े खड़े रहे और उसे गिरने नहीं दिया ।

शास्त्री जी के हैडमास्टर साहब से ठीक वही संबंध थे जो राजा रामचंद्र के साथ हनुमान जी के रहे होंगे । हैडमास्टर का प्रत्येक आदेश उनके लिए पत्थर की लकीर होता था । वे साधारण कपड़े पहिनते थे,

ग़रीब विद्यार्थियों की सहायता करते थे और क्लास लेने में भी वे अद्वितीय ही थे। वे सब लड़कों को रजिस्टर में सदा हाज़िर दिखाते थे और अच्छे-ख़ासे प्रसंगों को भी अश्लील बना देते थे। जब वे तुलसीदास की चौपाई गा-गाकर पढ़ते थे तो सुंदरलाल गुप्त—जो क्लास का मानीटर होता था—पीछे से डेस्क को तबले की भांति बजाकर उनकी संगत देता था। अगर हम लोगों में से कोई उनकी दराज में मेंढक बंद कर देता था तो वे बहुत खुश होते थे। एक बार सालाना जलसे पर मैंने उनकी धोती से एक बकरी बांध दी थी मगर उसे भी उन्होंने हंस कर ही टाल दिया था।

दसवां दर्जा पास करने के बाद मैं बाहर चला गया। एक बार गया तो बस परदेसी ही हो गया। बरसों तक पुराना स्कूल नहीं देख पाया। मगर हां, शास्त्री जी के बारे में मैं लोगों से हमेशा पूछता रहता था। पता लगा कि हमारा कालेज पहले इंटरमीडिएट कालेज हुआ और बाद में डिग्री कालेज भी बना दिया गया। मगर सबसे ज़्यादा विस्मय मुझे तब हुआ जबकि मैंने एक दिन सुना कि शास्त्री जी जो थे वे डिग्री कालेज के प्रिंसीपल बना दिए गए थे और यही नहीं, यह भी सुना कि अब वे पुराने फटीचर शास्त्री जी नहीं रहे थे वरन् एकदम विलायती साहब बन गए थे।

मुझे ऊपर दिए गए समाचार पर विश्वास नहीं हुआ। मगर जब एक के बाद एक विशेष संवाददाता ने भी यही सूचना दी तो मुझे मानना पड़ा। लोगों का कहना था कि अब तो वह कालेज एक जूता-फैक्ट्री की भांति चलाया जाता है। शास्त्री जी सूट पहिनते हैं, सिगार पीते हैं, होटलों में सामिष भोजन करते हैं, हर परायी माता को अपनी पत्नी मानते हैं, वगैरा-वगैरा। एक विश्वस्त वृद्ध महोदय ने बताया कि उस कालेज का कोई बच्चा फेल नहीं होता; घूस ली जाती है और खुलेआम नकल करवाई जाती है। कालेज का कोई ऐसा काम नहीं जिसमें मैनेजिंग कमेटी के सदस्य और शास्त्री

जी मिलकर पैसा न लेते हों। परिणाम सबके सामने था : बिना किसी सरकारी सहायता के कालेज की शानदार इमारत बन गई थी और एक कोठी शास्त्री जी की भी निकल आई थी। कालेज की स्थिति यह हो गई थी कि प्रोफ़ेसर या तो महंगे-महंगे ट्यूशन करने लगे थे या फिर किताबों की कुंजियां लिखने लगे थे। शास्त्री जी हैं तो आधा समय लखनऊ गुज़ारते हैं और आधा समय स्थानीय नेताओं की आवभगत करते हैं। कालेज की यूनियन क्या है—राजनीति का एक अखाड़ा है। प्रोफ़ेसर हैं; मुश्किल से एक सप्ताह में डेढ़ क्लास लेते हैं और खुलेआम लड़कियों से इश्क करते हैं। जो तुमसे होता हो वह कर लो। महाप्राण निराला ने कहा है कि जो समर्थ होता है वह भोक्ता तो अवश्य ही होता है। पंत जी ने इस बारे में क्या कहा, मुझे पता नहीं। हां, अज्ञेय जी के बारे में ज़रूर कहा जा सकता है कि वे पवित्र प्रेम में ही विश्वास रखते थे, वासना में नहीं। अरी ओ करुणा, प्रभामय।

पिछली बार दिल्ली गया तो युनिवर्सिटी ग्रांट्स कमीशन के पास एक शानदार सूट पहने व्यक्ति को देखा। चेहरा कुछ-कुछ पहिचाना हुआ-सा लगा। बहरहाल उस चेहरे ने मुझे नहीं पहचाना। हर्गिज़ नहीं। इत्तफ़ाक की बात कि जैसे ही वे शानदार सज्जन अपनी मोटर में बैठने लगे तभी उनका चरणकमल [क्रम संख्या एक] किसी छिलके पर फिसल गया। छिलका शायद केले का था क्योंकि तीव्र यातायात के संदर्भ में जो प्रतिष्ठा केले के छिलके ने पाई है वह नारियल के छिलके तक को कभी नहीं मिली। मैंने ड्राइवर की सहायता से उन्हें बटोरा और मोटर में बिठाया। उनके मुंह से शराब की गंध आ रही थी। मैंने अब उन्हें ध्यान से देखा और एकदम पहिचान लिया। वे खचेड़ूमल शास्त्री ही थे, डॉक्टर के.एम. शास्त्री नहीं। मैंने अपना वंशवृक्ष उन्हें सुनाना शुरू किया और जैसे ही उन्हें बताया कि मैं वही पुराना रवीन्द्र हूं जिसने उनके सोने के कमरे में एक दिन एक

गधा और दूसरे दिन दो गधे बंद किए थे, तब तो वे मुझे एक ही किस्त में पहिचान गए । उन्होंने मुझे छाती से लगा लिया ।

विदा के समय मैंने उनके चरण छूने चाहे मगर उन्होंने मुझे वैसा नहीं करने दिया। आंखों में आंसू भरकर वे केवल इतना ही कह पाए कि ''बेटा, अब मैं इस लायक नहीं रहा।''

उनकी मोटर चली गई। मैं खड़ा रहा और लार्ड क्लाइव के बारे में सोचता रहा जिसे प्रिवी काउंसिल ने रिहा कर दिया था पर जिसने घर जाकर फिर भी आत्महत्या कर ली थी। इससे ज़्यादा मैं नहीं सोच पाया क्योंकि तब तक चंद सर्वोदयी किस्म के कुत्ते मेरी पैंट से बुरी तरह उलझ गए थे और उसमें घुसने की कोशिश कर रहे थे। मैंने कुत्तों को हटाया और कवि 'धूमिल' की कुछ पंक्तियां दुहराईं :

इससे पहिले कि
ईमानदारी तुम्हें उस जगह ले जाए
जहाँ बेटा तुम्हें बाप कहते हुए
शरमाए,
तुम वापिस चले आओ··· ●

गांधी जी के बंदर और गधे

इस वर्ष इटली में फुटबाल की महान प्रतियोगिता रखी गई जिसमें विश्व के चौबीस देशों ने भाग लिया। इस संदर्भ में दो समाचार ऐसे हैं जिनकी उपेक्षा नहीं की जा सकती। पहला समाचार तो यह है कि खेल प्रारंभ होने के लगभग तीन माह पूर्व से रोम के जेबकतरों ने विशेष प्रशिक्षण लेना शुरू किया और अपने हथियार तेज़ करने शुरू कर दिए। इस प्रतियोगिता को देखने लाखों यात्री विदेशों से आने थे और उनकी जेबें हल्की करने की सुखद ज़िम्मेदारी यदि रोम-निवासी नहीं उठाते तो और कौन उठाता ? दूसरा समाचार यह रहा कि इटली व उरुगुवे के कुछ महान खिलाड़ियों ने यह मत प्रकट किया कि खेल के दौरान कोई भी खिलाड़ी किसी युवती के साथ प्रेम नहीं करेगा। इस दूसरे समाचार को सुनकर लाखों लोगों को बड़ा खेद हुआ। किसी को यह आशा नहीं थी कि इटली में—जहां कि रोम्यो और जूलियट पैदा हुए थे और जिसे वैसे भी प्रेम का देश कहा जाता है—ऐसी दकियानूसी निषेधाज्ञा जारी की जाएगी। इस दुखांत सूचना ने अनेक खिलाड़ियों को बुरी तरह हताश कर दिया क्योंकि काफ़ी खिलाड़ी ऐसे थे जिनकी रुचि फुटबाल में कम और सुंदर युवतियों में ज़्यादा थी। अगर आज जैनेंद्रकुमार जीवित होते तो इस मुद्दे को लेकर कम से कम एक परिचर्चा तो अवश्य ही छेड़ देते।

कितने संतोष की बात है कि जैनेंद्र जी की ग़ैरहाज़िरी में भी प्रेम की घटनाएं लगातार घट रही हैं। अपने ही देश में घटी कुछ घटनाएं

आपकी सेवा में प्रस्तुत करता हूं।

एक हज़रत थे कि प्रेम एक लड़की से करते थे और शादी उस लड़की से करने को तैयार हो गए जिसे उनके पूज्य पिताजी और आदरणीया माताजी ने पसंद किया था। बहरहाल वे भले ही कायर रहे हों, उनकी प्रेमिका हर्गिज़ कायर नहीं थी। वह ठीक शादी के समय वहां प्रकट हुई जहां कि उनका पाणिग्रहण संस्कार संपन्न हो रहा था और वहां पहुंचने के बाद सबसे पहला काम उस वीर बालिका ने यह किया कि होनेवाली वधू को उठाकर पंडाल के बाहर फेंक दिया। उसके बाद उस कन्या ने माला उठाई और अपने प्रेमी के कंठ में डाल दी। उस बालिका के साहस और उसकी चुस्ती को देखकर लोग चकित रह गए और सुभद्राकुमारी चौहान की "खूब लड़ी मर्दानी वह तो झांसीवाली रानी थी" वाली कालजयी कविता याद करने लगे। इसी प्रकार एक और चरित्रवती युवती ने पुलिस, गृहमंत्री, हाईकोर्ट व सुप्रीमकोर्ट—इन सबके पास यह सूचना पहुंचाई है कि उसके सगे बाप उसकी और उसके पति की हत्या करवाना चाहते हैं क्योंकि शादी जो थी वह उनकी रज़ामंदी से नहीं की गई थी। संयोग की बात देखिए कि लड़की के जो पिता हैं वे स्वयं भी एक जज ही हैं। प्रणय व अपराध—इन दोनों के बीच सदा से घनिष्ठ संबंध रहता आया। राजधानी के एक अस्पताल में अस्पताल के एक कर्मठ कर्मचारी ने एक रोगी युवती के साथ बलात्कार संपन्न किया और उसके ख़िलाफ़ किसी ने कोई 'एक्शन' नहीं लिया। कोई कदम इस कारण नहीं उठाया गया क्योंकि वैसा करने से अस्पताल के काफ़ी कर्तव्यपरायण कर्मचारियों का हड़ताल पर चले जाने का ख़तरा था। कुछ वर्ष पूर्व भी उस अस्पताल में एक और रोगी स्त्री के साथ ऐसी ही सहानुभूति दिखाई गई थी और किसी भी अपराधी को किसी प्रकार का कोई दंड एकदम नहीं दिया गया था। दोनों स्त्रियों का कसूर एक था और वह कसूर मात्र यह था कि वे दोनों बिना किसी कारण के ज़रूरत से ज़्यादा रूपवती और युवा थीं।

महाराष्ट्र सदा से सूरमाओं की धरती रहा है । अभी-अभी वहां एक प्रेमी ने अपनी प्रेमिका की मात्र इस मुद्दे को लेकर हत्या कर दी कि वह उससे प्रेम तो करती थी पर वह उससे विवाह नहीं करना चाहती थी । ज़रा-सी सावधानी, उम्र-भर की आसानी । और यह तो आदमी की कथा है जबकि स्थिति यह है कि एक विदेश में एक गधे ने अपने मालिक की खुलेआम हत्या इस कारण संपन्न कर दी क्योंकि वह उसके प्रेम के क्षणों में व्यवधान पहुंचा रहा था । खुदा जब मेहरबान होता है, गधा पहलवान होता है । सत्य है कवि की वाणी ।

अपने ही देश में एक स्थान पर एक बड़ा दिलचस्प हादसा हो गया । दो युगलों का विवाह एक साथ होनेवाला था मगर दुर्भाग्य या सौभाग्य देखिए कि घूंघट के कारण वधुएं जो थीं वे परिवर्तित हो गईं । सबको बड़ा धक्का पहुंचा मगर भगवान् की इच्छा में कौन दखल डाल सकता है ? यह सारा हादसा मात्र पर्दे के कारण हुआ । यदि अकबर इलाहाबादी आज जीवित होते तो ''बेपर्दा नज़र आईं जो कल चंद बीवियां, अकबर ज़मीं में ग़ैरते-कौमी से गड़ गया'' वाली पंक्तियां नहीं लिखते ।

वक़्त वाकई बदल गया । एक समय था जबकि हैदराबाद के निज़ाम संसार के सबसे अमीर व्यक्तियों की गिनती में आते थे और एक आज का दिन है कि उन्हीं का पौत्र इस बात को लेकर अनिश्चित काल के अनशन कर बैठा है कि निज़ाम का जो ट्रस्ट है वह उनके पौत्रों को प्रतिमाह के हिसाब से आर्थिक सहायता प्रदान करे । शहज़ादे का नाम है दिलशाद जाह जो निज़ाम के चौदहवें बेटे नवाब इमदाद जाह की संतान है । जिनके महलों में हज़ारों झाड़ और फानूस थे, झाड़ उनकी क़ब्र पर है और निशां कुछ भी नहीं । जब मैं औरंगाबाद में महान सम्राट् औरंगज़ेब आलमगीर की कच्ची और निहायत मामूली क़ब्र देखने गया तो मुझे यही शेर याद आता रहा । मैं यह बात दावे के साथ कहता हूं कि औरंगज़ेब को जितना कट्टर बताया जाता है, उतना वह हर्गिज़ नहीं था । यदि ऐसा नहीं होता तो वह चित्रकूट के एक

मंदिर को इतनी जागीर कैसे दे गया? अंग्रेज़ों ने हम पर जितने भी अत्याचार किए उनमें सबसे बड़ा अत्याचार यह है कि उन्होंने हमारा इतिहास जानबूझकर ग़लत किया ताकि हिंदू और मुसलमान हमेशा आपस में लड़ते रहें। हम लोगों ने भी उन्हें निराश नहीं किया।

अनशन और प्रेम की बाद चले तो गांधी जी और तालस्ताय की याद आना स्वाभाविक ही है। गांधी जी के कुछ पत्र लंदन में हाल ही में साठ हज़ार पाउंड में बिकनेवाले हैं। कितनी खुशी की बात है कि इस देश की जनता भी गांधी जी को अभी भी उतने ही स्नेह और उतनी ही श्रद्धा से देखती है। बीस जून सन् उन्नीस सौ नव्वे के 'इंडियन एक्सप्रेस' के अनुसार महात्मा गांधी के पौत्र को अकोला स्टेशन पर तेज़ बुखार से पीड़ित होने के बावजूद रेल से उतारा गया हालांकि उनके पास टिकट था और उनकी सीट भी आरक्षित थी। उनकी पुत्रवधू ने जब टिकटों का पैसा और शिकायत का रजिस्टर मांगा तो भारतीय रेलवे के कर्मचारियों ने बेहद अभद्रता और अशिष्टता का व्यवहार किया। अपने पितामह महात्मा मोहनदास करमचंद गांधी [जिनके इसी प्रकार दक्षिणी अफ़्रीका की एक रेलगाड़ी से उतारे जाने की घटना ने विश्व के इतिहास को एक नया मोड़ दिया] की भांति अरुन मनीलाल गांधी भी सबसे निचले दर्जे में रेल-यात्रा कर रहे थे। हमारी सरकार भी शायद अख़बार पढ़ती हो मगर मुझे पूरा विश्वास है कि पूरी जानकारी होने के बावजूद वह किसी के ख़िलाफ़ कुछ नहीं करेगी। हमारी सरकार गांधी जी की अपेक्षा उनके बंदरों की कहीं ज़्यादा क़द्र करती है। वह न कुछ सुनेगी, न कुछ देखेगी और न कुछ बोलेगी। गांधी जी पीछे रह गए और उनके बंदर और गधे कहीं आगे निकल गए। ●

इतिहास का शव

दिल्ली को पूरब का रोम कहा जाता है। मेरा लड़का अभी-अभी रोम से लौटा है और उसका कहना है कि गंदगी, भीड़भाड़ और पुरानी इमारतों को यदि ध्यान में रखें तो दिल्ली जो है वह रोम से बेहतर जगह है। दिल्ली एक ऐसा नगर है जो बार-बार उजड़ा और बार-बार बसा। कम से कम ग्यारह दिल्लियों के खंडहर तो हमें अभी प्राप्त हैं। बारहवीं दिल्ली वह है जो नई दिल्ली के नाम से जानी जाती है। ऐसे ऐतिहासिक नगर में पुरानी इमारतों का होना स्वाभाविक ही ठहरा।

दिल्ली का पुराना किला शायद दिल्ली की सबसे पुरानी इमारत है। कुछ लोग तो यहां तक विश्वास करते हैं कि यह किला स्वयं पांडवों ने ही बनवाया था। यह वही किला है जिसकी दीवार पर शहंशाह बाबर दो आदमियों को बगल में दबाकर सुबह-सुबह भागा करता था। क्या अजीब शौक था और सुबह-सुबह कसरत करने का क्या होनहार तरीका था। बहरहाल पिछले सैकड़ों वर्षों में लाखों लोगों ने इस किले की दीवारों को इतनी श्रद्धांजलि अर्पित की है और फ़िलहाल यदि बाबर होता तो कसरत करने का कोई और ढंग अख़्तियार करता। इसी किले में वह शाही लाइब्रेरी की इमारत भी है जिसकी सीढ़ियों से फिसलकर शहंशाह हुमायूं ने इस दुनिया को छोड़ दिया था। मैं तो बरसों से उस पुस्तक का नाम जानना चाहता हूं जिसे पढ़कर [या जिसे पढ़ते हुए] शहंशाह हुमायूं गुरुत्वाकर्षण के सिद्धांत के शिकार हुए हालांकि उस रहस्य को प्रतिपादित करनेवाला वैज्ञानिक सैकड़ों वर्षों बाद पैदा हुआ था।

महरौली का नाम था मिहिरपुरी। कालका देवी का वर्तमान मंदिर भी सन् 1764 में बना था। पिथौरागढ़ की फ़सील लगभग तीन मील थी। यहां का बदायूं दरवाज़ा काबिले-तारीफ़ है। डाकुओं के डर से सुलतान बलबन तक इस दरवाज़े को दिन में भी प्रायः बंद ही रखता था। इसी क्षेत्र में अलाउद्दीन खिलज़ी ने एक दिन अपने सारे शराबघर की मदिरा उंडलवा दी थी जिस कारण पूरे क्षेत्र में दलदल हो गई थी। एक बार मलिक काफूर यहां दक्षिण से 312 हाथी, 20,000 धोड़े, 96 मन सोना और रत्नों व गहनों से भरे हज़ारों संदूक लाया था। उत्तर भारत ने दक्षिण भारत को हमेशा लूटा। तुग़लकाबाद जैसे विशाल नगर के निर्माण में केवल दो वर्ष लगे थे। फ़ीरोज़शाह कोटले में मुग़ल सम्राट् आलमगीर [द्वितीय] को धोखे से बुलवाकर उसके ख़ास वज़ीर ईमादुलमुल्क ने उसकी हत्या करवा दी थी और उस मुग़ल सम्राट् की लाश मात्र बारह घंटों तक यमुना की रेती पर पड़ी रही थी। लाल किले का निर्माण उन्हीं दो उस्तादों ने किया था जिन्होंने ताजमहल बनाया था। एक भाई के नाम पर हामिद के कूचे के नाम से एक कूचा अभी भी प्रसिद्ध है। चांदनी चौक को जहानआरा ने बनवाया था। नई दिल्ली का निर्माण सर एडविन लिटिन्स और सर हरबर्ट बेकर ने किया। तुग़लक सुलतान अपनी क़ब्रें और मकबरे अपने जीवनकाल में ही बनवा डालते थे क्योंकि उन्हें यह विश्वास कभी नहीं रहता था कि उनकी अगली पीढ़ी उनके लिए इतने भव्य मकबरों का निर्माण करेगी। तुग़लक वंश के एक सुलतान ने अपने कुत्ते की क़ब्र बनवाई थी और ठीक यही मेहरबानी अकबर ने अपने एक हाथी के साथ की थी। लाल किले से नादिरशाह करोड़ों रुपए ले गया और बाद में सन् 1760 में मराठा सरदार सदाशिवराव भाऊ ने किले की छत की चांदी उतरवाई जिसके सतरह लाख सिक्के बने। जिस सुनहरी मस्जिद पर खड़े होकर नादिरशाह ने कत्लेआम का हुक्म जारी किया था वह अभी भी मौजूद है। जामा मस्जिद के बनाने में 5,000 मजदूरों और कारीगरों को छः वर्ष लगे थे और कुल ख़र्चा दस लाख रुपए आया था। जंतर-मंतर

राजा जयसिंह ने बनवाए थे जिन्हें खगोलशास्त्र के साथ-साथ ज्योतिष का भी बड़ा ज्ञान था। मगर उन्हें यह पता नहीं था कि दक्षिण में पराजित होने के कारण उन्हें उस आक्रमण का सारा ख़र्चा खुद उठाना पड़ेगा। यह ख़र्चा सिर्फ़ एक करोड़ रुपए का था। अंग्रेज़ी हकूमत की सबसे ज़्यादा शानदार इमारत मेटकाफ़ हाउस है जिसमें कभी बहुमूल्य कलाकृतियों का संग्रह था। मेटकाफ़ साहब की व्यक्तिगत लाइब्रेरी 25,000 पुस्तकों की थी और नैपोलियन बोनापार्ट से तो सर मेटकाफ़ को इतनी मुहब्बत थी कि उन्होंने उसकी प्रतिमा बनवाकर मेटकाफ़ हाउस में खड़ी की थी। 'एनशिएंट साइट्स एंड मौन्यूमेंट्स एक्ट' सन् 1903 में बना था। इस क़ानून के तहत 5,000 प्रमुख ऐतिहासिक इमारतें आती हैं जिनमें सरकारी चौकीदार रहता है जो दस रुपए की घूस के बदले आपको इमारत का एक पत्थर क्या, पूरी इमारत उठा ले जाने की इजाज़त दे सकता है। मगर 5,000 इमारतों के अलावा देश में न जाने कितने किले और महल ऐसे पड़े हैं जिनकी मरम्मत और देखरेख होनी बाकी है। महरौली का ज़फ़र महल, रज़िया सुलतान का मकबरा, खिरकी गांव की शानदार मस्जिद, ज़िले बिजनौर में खड़ा फ़ैज़ी का मकबरा, हौज़ख़ास, मदरसा, ख़्वाजा कुतुबुद्दीन बख़्तियार की दरगाह, शेख़ निज़ामुद्दीन औलिया की दरगाह [जिसके पास की बावली में गंदा पानी भरा पड़ा है] और न जाने कितनी और महत्वपूर्ण जगहें बिना हिफ़ाज़त के पड़ी हैं। इनके चारों ओर या तो भैंसें गोबर करती फिरती हैं [जिनका मालिक प्रायः उस इमारत का चौकीदार ही होता है] या फिर उनके चारों तरफ़ बहुमंजिली इमारतें बन रही हैं जो उनकी रही-सही गरिमा भी नष्ट कर देंगी। कुतुब मीनार की मरम्मत ग़लत ढंग से की जा रही है, लाल किले का शाहबुर्ज टूट गया है और मुमताज़ महल में अजायबघर खुला है। हाली साहब ने दिल्ली का जो मरसिया लिखा था वह अब और भी सच हो गया है। वैसे भी लोगों को राम-जन्मभूमि व बाबरी मस्जिद से फ़ुर्सत ही कहां है कि वे बाकी इमारतों पर ध्यान दें ? और थोड़े दिनों में तो पुरातत्व विभाग रेल भवन,

डाक भवन, शास्त्री भवन, उद्योग भवन और विज्ञान भवन जैसी इमारतों को भी अपने क़ानून के तहत ले लेगा क्योंकि उनमें जो सीमेंट लगा है वह अभी से हटना शुरू हो गया है। जिस हालत में कुतुब मीनार हज़ार बरस बाद पहुंची है, वह स्थिति ये भवन अगले पचीस वर्षों में ही प्राप्त कर लेंगे। हां, अलबत्ता तिहाड़ जेल जरूर मज़बूत बनी है। यदि ऐसा नहीं होता तो चार्ल्स शोभराज जैसा विश्व-प्रसिद्ध अपराधी वहां से कैसे भाग सकता था ?

मैंने अपने इस क्षणभंगुर जीवन में अपने देश का बहुत भ्रमण किया है। मैंने अकबर के चारों किले, दौलताबाग और गोलकुंडा के दुर्ग और झांसी, ग्वालियर, चुनार और कलकत्ता देखे हैं जहां के किलों ने इस देश का इतिहास बनाया। जहांगीर और बाबर को छोड़कर शायद शेष सारे सम्राटों और सुलतानों की कब्रें मैंने देखी हैं। ताजमहल और बीवी का मकबरा देखे हैं। यदि पहली इमारत हमारी स्थापत्य कला की उत्कृष्टता प्रकट करती है तो दूसरी इमारत हमारी कला का पतन हमें दिखलाती है। अहिल्या बाई की समाधि और औरंगज़ेब आलमगीर की क़ब्र अपनी सादगी से हमारे मन पर वह प्रभाव छोड़ती हैं कि कुछ कहा नहीं जा सकता। ईस्ट इंडिया कंपनी के समय की करीब आधा दर्जन इमारतें ही ऐसी हैं जो देखने लायक हैं। कलकत्ते का विक्टोरिया मैमोरियल, बंबई का विक्टोरिया टर्मिनस स्टेशन, गाज़ीपुर में मरे लार्ड कार्नवालिस की मूर्ति और दिल्ली में स्थित जनरल निकलसन का मकबरा शायद सर्वश्रेष्ठ हैं। यदि इलाहाबाद युनिवर्सिटी की इमारत और वहां के गिरजे अपनी सुंदरता और भव्यता से आपका मन आकृष्ट करते हैं तो लखनऊ के इमामबाड़े, दौलताबाद का चांदबीवी का मकबरा और हैदराबाद की चार मीनार अपने बड़प्पन का वह असर आप पर छोड़ती है कि आप उन्हें भूल नहीं सकते। ये सारी जानी-अनजानी इमारतें इतिहास का शव हैं। इनका यदि समय रहते कुछ नहीं किया गया तो ये सड़ जाएंगी और बदबू फैलाने लगेंगी। मैं इसे 'मौन्युमेंटल एरर' कहूंगा जैसा कि सर जान मार्शल ने सन्

1923 में कहा था। यदि सारे पूजा-स्थलों को 'मौन्यूमेंट प्रिज़र्वेशन एक्ट' के तहत कर दिया जाए और उनमें घुसने पर टैक्स लगा दिया जाए [जैसा कि कुछ इमारतों में अब भी लगाया जाता है] तो न सांप्रदायिक दंगे होंगे और न सरकार को हर साल सिगरेट महंगी करनी पड़ेगी। वैसे भी, धर्म एक व्यक्तिगत चीज़ है, सार्वजनिक नहीं।

कई महीनों से सर जदुनाथ सरकार और पावेल प्राइस को पढ़ रहा था जिसके कारण इस छोटे-से निबंध का प्रसव हुआ। लेख रात को लिखा और लिखते-लिखते मन उदास हो गया। अब सुबह होनेवाली है जब सूरज फिर चमकेगा और मृत्यु के बाद जीवन आने का एहसास होगा। यह अंतिम एहसास मुझे व्यक्तिगत रूप से कभी नहीं हुआ जिसका कि मुझे खेद है। मैं बाहर निकलता हूं और पूरब का एक गीत यूं ही अनायास गुनगुनाने लगता हूं :

कहवां बोलै काली कोइलिया
कहवां बोलै कागा,
सजना दुआरे बोलै कोइलिया
अंगना में बोलै कागा :
भोरवे भये मन लागा ... ●

परिशिष्ट

विश्व के महान राजनेताओं का हास्य-व्यंग्य

मेरे विचार में ऐसा कोई पेशा नहीं है और ऐसा कोई स्थान नहीं है जहां कि मज़ाक न चलता हो । ऐसे डाक्टर अभी ज़िंदा हैं जो जटिल से जटिल ऑपरेशन करते हुए भी अपनी खुशमिज़ाजी नहीं छोड़ते हैं और जहां तक स्थान का प्रश्न है, स्थिति यह है कि अदालतों तक में भी हंसी-मज़ाक चलता है । राजनीति के क्षेत्र में भी स्थिति यह है कि बड़े-बड़े राजनीतिज्ञ भी बेहद विनोदी और खुशमिज़ाज रहे । आज मैं कुछ ऐसे ही प्रख्यात राजनैतिक नेताओं की छेड़छाड़ आपके सामने पेश करता हूं ।

ब्रिटेन के दो प्रधानमंत्री ऐसे हुए हैं जिनमें जीवन भर छेड़छाड़ चलती रही और यह कहना कठिन है कि उनमें से कौन जीता और कौन हारा । इन प्रधानमंत्रियों के नाम हैं डिज़रायली और ग्लैडस्टन । कभी एक प्रधानमंत्री रहता था तो कभी दूसरा । एक टोरी पार्टी का नेता था तो दूसरा लिबरल पार्टी का । उन दोनों के उत्तर और प्रत्युत्तर सुनने के लिए महारानी विक्टोरिया भी प्रायः प्रतिदिन ही संसद आती थीं । डिज़रायली राजनीति में आने से पूर्व साहित्यकार रह चुका था और उसके अलावा वह और भी काफ़ी धंधे कर चुका था । जब उसने

एक दिन यह कहा कि "राजनीति जो है वह एक धूर्त व्यक्ति की अंतिम शरण होती है" तो ग्लैडस्टन ने तुरंत कहा कि "आपने अपने जीवन में यही सिद्धांत सही साबित किया है ।" इसी प्रकार जब डिज़रायली ने ग्लैडस्टन को चैलेंज देते हुए कहा कि "तुम या तो किसी गुप्त रोग से मरोगे या फिर फांसी पाओगे" तो ग्लैडस्टन ने तुरंत उत्तर दिया कि "मैं आपसे सहमत हूं मगर यह तभी संभव है जबकि या तो मैं आपकी प्रेमिका को अपनाऊं या आपके सिद्धांतों को अपनाऊं ।" एक दिन जब ग्लैडस्टन ने कहा कि "मैंने अपने जीवन का निर्माण स्वयं किया है" तो डिज़रायली ने तुरंत कहा कि "आज आपने यह बात स्वीकार करके भगवान् को एक भयंकर ज़िम्मेदारी से मुक्त कर दिया ।" इसी प्रकार जब एक दिन किसी पत्रकार ने डिज़रायली से पूछा कि "दुर्घटना और विभीषिका में क्या अंतर है ?" तो डिज़रायली ने बहुत शांत होकर बड़ी ही गंभीरता से कहा कि "यदि हमारे प्रधानमंत्री मिस्टर ग्लैडस्टन किसी प्रकार टेम्स नदी में गिर जाएं तो वह एक दुर्घटना होगी और यदि कोई व्यक्ति अपनी जान पर खेलकर उन्हें डूबने से बचा ले तो उसे विभीषिका माना जाएगा ।" उनका यह स्पष्टीकरण अगले दिन इंग्लैंड के सारे अख़बारों में छपा । इसी प्रकार यदि डिज़रायली यह कहता था कि बच्चे और बड़े आदमी में प्रमुख अंतर यह है कि बच्चों के खिलौने सस्ते होते हैं और वयस्कों के महंगे तो ग्लैडस्टन ने यह मत प्रकट किया कि जो लोग स्त्रियों को पुस्तक की भांति पढ़ सकते हैं वे प्रायः वे लोग होते हैं जो बिस्तर में लेटकर पढ़ना ज्यादा पसंद करते हैं । डिज़रायली का यह सिद्धांत तो हम सभी जानते हैं कि किसी भी स्त्री का इतिहास उसके भूगोल पर निर्भर रहता है; और किसी चीज़ पर नहीं ।

लॉयड जार्ज अगले ऐसे प्रधानमंत्री थे जो किसी भी आक्षेप का उत्तर तुरंत दे सकते थे और तीखे से तीखे व्यंग्य के साथ दे सकते थे । जब पार्लियामेंट में चल रही एक बहस के दौरान एक सांसद ने कहा कि "मिस्टर प्राइम मिनिस्टर, मैं आपको तब से जानता हूं जबकि आप

गधागाड़ी हांका करते थे" तो लॉयड जार्ज ने तुरंत कहा कि "आप ठीक कहते हैं और मुझे आपको यह सूचना देते हुए प्रसन्नता होती है कि वह गाड़ी तो अब टूट चुकी है मगर वह गधा अभी तक ज़िंदा है।" इसी प्रकार जब वे एक दिन अपने जूते पालिश कर रहे थे तो टोरी पार्टी के एक सांसद आ गए और कहने लगे कि "मिस्टर जार्ज, आप अपने जूतों पर स्वयं पालिश करते हैं ?" लॉयड जार्ज ने उत्तर दिया कि 'श्रीमान्, मैं अपने जूतों पर पालिश करता हूं यह तो आपने देख ही लिया। अब आप यह बताने की कृपा करें कि आप किसके जूतों पर पालिश करते हैं ?" इसी प्रकार एक दिन ऐसा हुआ कि लॉयड जार्ज और एक नवयुवक सांसद गाड़ी से कहीं जा रहे थे कि घने कोहरे के कारण वे रास्ता खो बैठे। लॉयड जार्ज ने गाड़ी में बैठे-बैठे एक पैदल घूमते व्यक्ति से पूछा कि "श्रीमन्, क्या आप यह बता सकते हैं कि इस वक़्त हम कहां पर हैं ?" उस व्यक्ति ने बड़ी भद्रता के साथ कहा कि "इस वक़्त आप मोटरगाड़ी में हैं।" उसका उत्तर सुनते ही प्रधानमंत्री गाड़ी से बाहर निकले और उन्होंने उस व्यक्ति से हाथ मिलाया और उसे धन्यवाद दिया। इसके बाद उन्होंने साथ बैठे नवयुवक सांसद को बताया कि "पार्लियामेंट में पूछे गए प्रश्नों का उत्तर ठीक इसी तरह दिया जाना चाहिए। इस उत्तर में तीनों गुण हैं। पहला गुण तो यह है कि यह उत्तर संक्षिप्त है, दूसरा गुण यह है कि तथ्यात्मक दृष्टि से यह उत्तर एकदम सच्चा है और तीसरा और सबसे बड़ा गुण इस उत्तर में यह है कि इस उत्तर के पाने के बाद प्रश्न पूछनेवाला व्यक्ति ठीक उतना ही ज्ञान रखता है जितना कि वह उत्तर पाने से पहले रखता था।" उनकी इस व्यंग्यपूर्ण उक्ति को सुनकर वे नवयुवक सांसद हंस पड़े। लॉयड जार्ज की न जाने कितनी उक्तियां ऐसी हैं जो अंग्रेज़ी का मुहावरा बन गई हैं। उनका कहना था कि अच्छी आदतों को छोड़ना बुरी आदतों के छोड़ने की अपेक्षा कहीं अधिक आसान होता है। यह वाक्य भी उन्हीं का है कि किसी देश का भाग्य उसके प्रधानमंत्री के अच्छे या बुरे हाज़मे पर निर्भर होता है, और किसी

परिस्थिति पर नहीं। एक बार चुनाव में ऐसे दो व्यक्ति खड़े हुए जिनसे लॉयड जार्ज नफ़रत करते थे क्योंकि वे दोनों बदनाम थे। जब पत्रकारों ने उनसे पूछा कि आपकी राय में कौन-सा उम्मीदवार जीतेगा तो लॉयड जार्ज ने बड़े संतोष के साथ कहा कि "भगवान् की बड़ी कृपा है कि उन दोनों में से एक ही जीतेगा, दोनों नहीं।" इसी प्रकार उन्होंने अपने एक मित्र के बहुत बार कहने पर भी घुड़दौड़ का टिकट नहीं खरीदा; उन्होंने बस यही कहा कि "मैं तो घुड़दौड़ का टिकट तभी खरीद सकता हूं जबकि उसमें मात्र एक ही घोड़े के दौड़ने की व्यवस्था हो।" एक बार उन्होंने समुद्र-तट पर घूमती ऐसी युवतियों को देखा जिन्होंने बहुत महीन कपड़े पहिन रखे थे। उन्होंने अपने साथी से कहा कि "क्या इन युवतियों को पुरुषों की कल्पना-शक्ति पर बिल्कुल भरोसा नहीं है ?"

व्यंग्य व विनोद की इस शानदार परंपरा को मिस्टर विंस्टन चर्चिल ने और भी निखार दिया। उनके न जाने कितने ऐसे मज़ाक हैं जो सदा-सदा के लिए अमर हैं। युद्ध के दिनों में भी—जबकि वे बेहद व्यस्त रहते थे—उनका विनोदी स्वभाव सबको खुश रखता था। एक दिन जब उनकी प्राइवेट सेक्रेटरी काफ़ी सारी डाक लेकर उनके पास आई तो उन्होंने पूछा कि "मैडम, क्या कोई ऐसा काग़ज़ है जिसे मुझे देखना चाहिए ?" सेक्रेटरी ने कहा कि "नहीं।" इस पर चर्चिल साहब ने पूछा कि "क्या कोई ऐसा काग़ज़ है जो मुझे नहीं देखना चाहिए ?" तो उनके इस प्रश्न के उत्तर में वह लेडी सेक्रेटरी खिलखिलाकर हंस पड़ी। इसी प्रकार दूसरे विश्वयुद्ध के दौरान जब मिस्टर चर्चिल अमेरिका गए तो राष्ट्रपति भवन में ही ठहरे। एक दिन राष्ट्रपति रूज़वेल्ट अपनी कुर्सी पर बैठे-बैठे [पक्षाघात के कारण राष्ट्रपति हमेशा पहियागाड़ी में ही रहते थे] उनके कमरे में गए और देखा कि बाथरूम खुला पड़ा है और चर्चिल साहब नंगधड़ंग होकर नहा रहे हैं। उन्होंने पूछा कि "मिस्टर प्राइम मिनिस्टर, यह क्या हरकत की जा रही है ?" तो चर्चिल ने बाथरूम से उसी दिगंबर

स्थिति में उत्तर दिया कि "महामहिम राष्ट्रपति जी, मैं आपको सिर्फ़ यह बताना चाहता था कि संकट की इस घड़ी में ग्रेट ब्रिटेन की सरकार के पास ऐसा कुछ भी नहीं है जोकि अमेरिका के राष्ट्रपति के सामने गुप्त रखा जाए।" उनका उत्तर सुनकर प्रेसीडेंट रूज़वेल्ट हंसी के मारे लोटपोट हो गए। एक बार ब्रिटेन ने एक नया वायुयान तैयार किया तो साठ सांसदों ने उसमें उड़ान भरने की इच्छा प्रकट की। मिस्टर चर्चिल ने यह मांग स्वीकार नहीं की! उन्होंने कहा कि "एक तो मैं वैसे ही सारे अंडे एक ही बास्केट में रखने के ख़िलाफ़ हूं मगर दूसरी बात—जो ज़्यादा महत्वपूर्ण है—यह है कि यदि कोई दुर्घटना हो गई तो साठ सीटों के लिए उप-चुनाव कराना पड़ेगा जोकि युद्ध के इस आपात्काल में इतना महंगा पड़ेगा कि देश का बजट उसे बर्दाश्त नहीं कर सकेगा।" हाउस आफ़ कॉमन्स उनकी इस उक्ति पर खिलखिलाकर हंस पड़ा। यह उक्ति भी उन्हीं की है कि "प्रत्येक स्त्री को बदसूरत होने का अधिकार है हालांकि यह होना उस विशेषाधिकार का दुरुपयोग ही है।" लेडी एस्टर ने एक बार चर्चिल से कहा कि "यदि मैं तुम्हारी पत्नी होती तो किसी दिन कॉफ़ी के साथ तुम्हें ज़हर दे देती।" चर्चिल ने उत्तर दिया कि "मैडम, मैं यदि तुम्हारा पति होता तो उस ज़हर को एकदम पी जाता।" चर्चिल की अस्सीवीं वर्षगांठ पर जब एक नवयुवक फ़ोटोग्राफ़र ने कहा कि "मैं आशा करता हूं कि आपकी सौवीं वर्षगांठ पर भी मैं आपका फ़ोटो ले सकूंगा", तो चर्चिल ने मुस्कराकर कहा कि "क्यों नहीं ? मुझे तो आप काफ़ी हट्टेकट्टे दिखाई पड़ते हैं।" एक बार एक दोस्त ने उनसे पूछा कि "आपके हर भाषण पर इतनी भीड़ होती है कि कुछ कहा नहीं जा सकता। आप इस बारे में क्या सोचते हैं ?" चर्चिल ने गंभीर होकर उत्तर दिया कि "मैं तो हर बार यही सोचता हूं कि यदि मेरे भाषणों पर इतनी भीड़ इकट्ठी होती है तो यदि मुझे खुले स्थान में फांसी दी जाए तब कितनी भीड़ इकट्ठी

होगी ?" एक बार हाइड पार्क में एक भारी भीड़ ने उनसे शराब पीने के बारे में कुछ कहने को कहा। चर्चिल ने कहा कि "अगर आपका मतलब उस शैतान से है जो कार दुर्घटनाएं कराता है, जो आदमी को नाकारा कर देता है और जो पत्नियों को पतियों से अलग करता है तो मैं उसके सख़्त ख़िलाफ़ हूं। हां, यदि शराब से आपका अभिप्राय उस पेय से है जो आदमी को स्फूर्ति देता है, उसके ग़म दूर करता है और सरकार को इतना बड़ा उत्पादन-शुल्क देता है तो मैं उसके पक्ष में हूं।" उनकी राय जानकर सारी भीड़ ने उनके समर्थन में तालियां बजाईं। मगर कभी-कभी चर्चिल को भी मात खानी पड़ती थी और इस संबंध में मैं मात्र एक घटना की ही चर्चा करूंगा। एक बार जब एक पत्रकार उनसे मिलने आया तो उन्होंने उसे डांटकर कहा कि "मैं आज इतना व्यस्त हूं कि सुबह से अब तक सात पत्रकारों को बाहर निकाल चुका हूं।" उस पत्रकार ने हंसकर कहा कि "वह अभागा पत्रकार मैं ही हूं जिसे आपने सुबह से अब तक सात बार बाहर निकलवाया है।" उसकी यह बात सुनकर चर्चिल हंस पड़े और उन्होंने उसे इंटरव्यू भी दिया और चाय भी पिलाई।

[2]

इंग्लैंड के प्रधानमंत्रियों के बाद मैं अमेरिका के कुछ राष्ट्रपतियों की चर्चा करूंगा। अब्राहम लिंकन जितना हाज़िरजवाब और कोई राष्ट्रपति वहां नहीं पैदा हुआ। लिंकन वकील था और सिसरो की भांति वह भी कहा करता था कि "क़ानून तो एक गधा है : समझदार आदमी उसकी सवांरी गांठता है और बेवकूफ़ आदमी उसकी दुलत्ती खाता है।" एक बार वह स्प्रिंग फ़ील्ड में नाटक देखने गया। असावधानी में उसने अपना हैट बराबर की कुर्सी पर रख दिया जोकि खाली थी। तभी एक मोटी नारी

आई और उस सीट पर बैठ गई । उसके बैठते ही आवाज़ हुई और वह स्त्री एकदम खड़ी हो गई । उसके भार के कारण लिंकन का मुंहखुला हैट पिचककर एक काला रूमाल बन गया था । लिंकन ने उस महिला से कहा कि ''मैडम, यदि आप मुझसे पूछतीं तो मैं आपको पहले ही बता देता कि यह हैट आपके फ़िट नहीं आएगा ।'' इसी प्रकार एक बार एक स्त्री ने लिंकन से कहा कि ''राष्ट्रपति महोदय, मैं चाहती हूं कि आप मेरे पुत्र को सेना का अधिकारी बनाएं । मेरे पति युद्ध में मारे जा चुके हैं, मेरे चाचा एक ऐसे अकेले व्यक्ति थे जो युद्ध से कभी नहीं भागे थे और मेरे भाई ने परमवीरता के लिए पदक पाया था ।'' लिंकन ने सारी बात सुनी और फिर बड़ी कृतज्ञता के साथ उत्तर दिया कि ''आपका परिवार देश के लिए बहुत बलिदान कर चुका है और अब समय आ गया है कि हम दूसरों को भी वैसा करने के लिए मौका दें ।'' अब्राहम लिंकन अंधविश्वासों का बड़ा मज़ाक उड़ाया करते थे । एक व्यक्ति का विचार था कि जेब में प्याज़ रखने से गठिया का रोग नहीं होता । उसकी बात सुनकर एक दिन राष्ट्रपति ने कहा कि ''इस दवा का असर भविष्य पर ही नहीं वरन् अतीत पर भी पड़ता है ।'' इतना कहने के बाद लिंकन ने अपनी जेब में से एक प्याज़ निकाली और कहा कि ''देखिए, मैंने यह प्याज़ आज ही जेब में रखी है और इसका परिणाम यह है कि जन्म से लेकर आज तक मुझे गठिया नहीं हुआ ।'' गृहयुद्ध के दिनों में एक बार दो संभ्रांत महिलाओं में इस बात को लेकर बहस छिड़ गई कि युद्ध में जीत किसकी होगी । एक महिला ने कहा कि ''जीत जैफ़र्सन डेविस की होगी क्योंकि वह भगवान् पर भरोसा रखता है ।'' दूसरी महिला ने कहा कि ''लिंकन भी तो धर्मात्मा है और ईश्वर पर विश्वास रखता है । उसकी जीत क्यों नहीं होगी ?'' पहली महिला ने उत्तर दिया कि ''उसकी प्रार्थना सुनकर ईश्वर को सदा यह संदेह होगा कि लिंकन कहीं मेरे साथ मज़ाक तो नहीं कर रहा है ?'' एक बार लिंकन ने एक दूकानदार से एक विशिष्ट विषय पर पुस्तक मांगी । दूकानदार ने एक पुस्तक निकाली और राष्ट्रपति से कहा कि

"लीजिए, इस पुस्तक से आपको अपने मनचाहे विषय पर आधी जानकारी मिल जाएगी ।" लिंकन ने मुस्कराकर कहा कि "ठीक है, आप मुझे इस पुस्तक की दो प्रतियां दे दीजिए ताकि मुझे पूरी जानकारी मिल सके ।" लिंकन को एक बार चेचक हो गई तो वे प्रसन्न होकर बोले कि "अब मुझसे मिलने जो कोई भी आए, उसे बिना रोके भीतर भेज दो । ईश्वर की कृपा से आज मैं इस स्थिति में हूं कि प्रत्येक मुलाकाती को कुछ दे सकता हूं ।" उनका अभिप्राय चेचक की छूत देने से था । इसी प्रकार एक दिन एक व्यक्ति राष्ट्रपति हार्डिंग से मिलने गया और कहने लगा कि "मैं आपको आज एक नया मज़ाक सुनाऊंगा ।" राष्ट्रपति ने कहा कि "यह असंभव है, क्योंकि देश में जितने भी मज़ाक थे उन सबको मैंने अपनी कैबिनेट में शामिल कर लिया है ।" वुडरो विल्सन ने भी एक बार कहा था कि "दस मिनट का भाषण तैयार करने में मुझे एक सप्ताह लगता है, एक घंटे का भाषण मैं एक दिन में तैयार कर सकता हूं और दो घंटे का भाषण तो मैं ठीक इसी वक़्त शुरू कर सकता हूं ।" अमेरिका के सर्वप्रथम राष्ट्रपति जार्ज वाशिंग्टन भी निहायत हाज़िरजवाब थे । एक बार किसी बड़े आदमी के यहां भोज था जिसमें राष्ट्रपति भी शामिल थे । वे 'फ़ायर प्लेस' की तरफ़ पीठ किए हुए खड़े थे । आग तेज़ थी और राष्ट्रपति ने उसकी शिकायत की । एक भद्र महिला ने कहा कि आप जनरल होकर आग से घबराते हैं ? राष्ट्रपति ने तुरंत उत्तर दिया कि जनरल होने के नाते उन्होंने अपने सामने से आती हुई आग का मुकाबला किया है, पीछे से आती हुई आग का नहीं ।

[3]

डिक्टेटर लोग प्रायः मज़ाकपसंद नहीं होते । यही कारण है कि हिटलर, मुसोलिनी और स्तालिन का कोई मज़ाक प्रसिद्ध नहीं है । हां, अलबत्ता उनके बारे में काफ़ी मज़ाक प्रचलित हैं । एक बार हिटलर एक नदी में

गिर गया। पास के खेत में काम करते एक किसान ने फ़ौरन नदी में कूदकर उसकी जान बचा ली। जब हिटलर ने प्रसन्न होकर पूछा कि "मैं तुम्हारा एहसान किस प्रकार उतार सकता हूं ?" तो किसान ने हाथ जोड़कर कहा कि "श्रीमन्, आप किसी को यह नहीं बताइए कि आपकी जान मैंने बचाई।" मुसौलिनी एक बार काम से थककर अचानक सिनेमा देखने चला गया। सिनेमा समाप्त होने पर पर्दे पर मुसौलिनी का चित्र आया और सारे लोग खड़े हो गए। मुसौलिनी अपनी सीट से नहीं उठा और वहीं बैठा रहा। उसके पास खड़े एक वृद्ध व्यक्ति ने उससे कहा कि "ऐ मेरे नौजवान दोस्त, मेरी भी भावनाएं वही हैं जो तुम्हारी हैं पर फिर भी यदि प्राण बचाना चाहते हो तो उचित यही होगा कि तुम भी खड़े हो जाओ।" याल्टा कांफ्रेंस के दौरान स्तालिन ने एक दिन चर्चिल से इंग्लैंड की बड़ी प्रशंसा की। उसने कहा कि "आपका देश महान है जहां इतने बड़े-बड़े सेनापति, साहित्यकार और वैज्ञानिक हुए हैं।" चर्चिल ने तुरंत उत्तर दिया कि "मैं आपको इस संदर्भ में यह स्पष्ट करना ज़रूरी समझता हूं कि यह सब 'प्राइवेट सेक्टर' का उत्पादन रहा है, 'सरकारी सेक्टर' का नहीं।" चर्चिल की इस उक्ति पर स्तालिन बहुत हंसे। इसी प्रकार लैटिन अमेरिका का एक तानाशाह था। उसने एक दिन पोस्टमास्टर-जनरल को बुलाया और पूछा कि "क्या कारण है कि नए डाक-टिकटों की बिक्री घटती जा रही है ?" अधिकारी ने संकोच के साथ कहा कि 'हुज़ूर, वे चिपकते नहीं।" तानाशाह ने कहा कि "क्या उन पर गोंद ठीक नहीं लगाया जाता ?" पोस्टमास्टर-जनरल ने बड़े ही संकोच के साथ कहा कि "श्रीमन्, गोंद तो ठीक लगाया जाता है पर लोग थूक उधर नहीं लगाते जिधर गोंद लगा होता है; लोग थूक उधर लगाते हैं जिस ओर आपका चित्र छपा होता है।" चीन के राष्ट्रपति माओ काफ़ी विनोदी थे। एक बार एक पश्चिमी पत्रकार ने उनसे पूछा कि "यदि राष्ट्रपति कैनेडी के स्थान पर श्री ख्रुश्चेव की हत्या की जाती तो आपके विचार में क्या परिणाम

होते ?" माओ ने सोच-विचारकर कहा कि "उस स्थिति में मि. ओनासिस श्रीमती ख्रुश्चेव से शायद विवाह नहीं करते ।" उनका उत्तर सुनकर वह अमेरिकी पत्रकार बुरी तरह हंस पड़ा ।

[4]

हमारे अपने देश के नेताओं में भी कुछ लोग हद्दर्जा मज़ाकपसंद थे । महात्मा गांधी, मदनमोहन मालवीय, जवाहरलाल नेहरू, राजा जी, आचार्य कृपलानी, सरदार पटेल, श्रीप्रकाश व सरोजिनी नायडू के कितने ही मज़ाक अभी तक लोगों को बराबर याद हैं । अब मैं इन्हीं देशी नेताओं की चर्चा करूंगा ।

गांधी जी बड़े हंसमुख और विनोदी स्वभाव के महापुरुष थे । हंसना-हंसाना उनके स्वभाव का एक अंग ही बन गया था । जब वे गोलमेज़ कांफ्रेंस में भाग लेने लंदन गए तो इंग्लैंड के सम्राट् ने उन्हें दोपहर का भोज दिया । गांधी जी वहां भी अपनी घुटनों तक की धोती और चादर में ही गए । जब पत्रकारों ने उनसे इस बारे में कुछ ज़्यादा जांच-पड़ताल की तो गांधी जी ने हंसकर कहा कि "मेरे दोस्तो, बादशाह ने स्वयं इतने कपड़े पहिन रखे थे कि वे हम दोनों के लिए काफ़ी थे । अब मैं और कपड़े पहिनकर क्या करता ?" एक बार सरदार पटेल जब जेल में थे तो उनकी नाक का कुछ छोटा-मोटा ऑपरेशन किया गया । जेल से छूटकर जब वे वापिस आए तो बापू ने सबके सामने कहा कि "बल्लभभाई, तो तुम नाक कटवा करके ही जेल से आए ।" उनकी इस उक्ति से वहां उपस्थित सारे बड़े-बड़े लोग एकदम हंस पड़े । एक बार पंडित नेहरू ने गांधी जी से पूछा कि "आप लाठी क्यों रखते हैं ?" बापू ने तुरंत कहा कि "तुम-जैसे शरारती बच्चों को ठीक रखने के लिए मुझे यह लाठी रखनी ही पड़ती है ।"पंडित जी इस उक्ति पर दिल खोलकर हंसे । इसी प्रकार जब बापू लंदन गए तो उन्हें एक दिन एक नृत्य देखने

जाना पड़ा। वहां एक महिला ने पूछा कि "मिस्टर गांधी, क्या आप नृत्य नहीं करेंगे?" बापू ने उत्तर दिया कि "ज़रूर करूंगा। इसी कारण तो मैं अपने साथ नाचने के लिए साथी लेकर आया हूं।" इसके बाद जब उन्होंने अपनी लाठी की तरफ़ इशारा किया तो सारे दर्शक हंस पड़े।

जब पं. मदनमोहन मालवीय काशी विश्वविद्यालय के लिए धन इकट्ठा कर रहे थे तो उनका साबका एक ऐसे नवाब से पड़ा जिसने कि कुछ भी देने से साफ़ मना कर दिया। मालवीय जी भी तैश में आ गए और बोले कि "मैं बिना कुछ लिए नहीं टलूंगा।" नवाब ने अपने जूती उनके झोले में डाल दी। मालवीय जी खुशी-खुशी काशी आए और अख़बारों में ख़बर छपवा दी कि "फ़लां नवाब की जूती फ़लां दिन नीलाम की जाएगी।" नवाब साहब इस बात से बड़े शर्मिंदा हुए और उन्होंने कई हज़ार रुपए देकर मालवीय जी से वह जूती वापिस बरामद की।

डॉ. राधाकृष्णन् उन लोगों से कोई सहानुभूति नहीं रखते थे जोकि काल्पनिक बीमारियों में फंसे रहते थे। एक बार एक ऐसी ही रुग्ण महिला अस्पताल से वापिस आना नहीं चाहती थीं। अंत में चलकर डॉ. राधाकृष्णन् स्वयं अस्पताल गए और उस महिला से बोले कि "या तो तुम बिस्तर छोड़ो या फिर मैं भी तुम्हारे बिस्तर में घुस जाता हूं।" उनकी इस धमकी को सुनते ही उस महिला ने तुरंत बिस्तर छोड़ दिया।

पंडित नेहरू को गुस्सा तो क्षण-भर के लिए ही आता था पर उनका विनोदी स्वभाव सदा उसी प्रकार ताज़ा रहता था। एक बार जब वे प्रयाग में थे तो रघुपति सहाय 'फ़िराक' उनसे मिलने गए। उन्होंने पर्ची पर पूरा नाम न लिखकर मात्र 'सहाय' ही लिखा पर पंडित जी ने पहिचान लिया और उन्हें तुरंत बुला भेजा। बातचीत के बाद उन्होंने फ़िराक साहब को सलाह दी कि "भविष्य में तुम 'सहाय' की जगह सिर्फ़ 'हाय' ही लिखा करो तो कहीं ज़्यादा उपयुक्त रहेगा।" फ़िराक

साहब ने यह मज़ाक इस लेख के लेखक को ख़ुद ही सुनाया था। इसी प्रकार एक दिन जेल में महावीर त्यागी ने कहा कि "इश्क ने हमको निकम्मा कर दिया, वर्ना हम भी आदमी थे काम के।" पंडित जी ने कहा कि "महावीर, भविष्य में तुम इस शेर को इस तरह पढ़ा करो—काम ने हमको निकम्मा कर दिया, वर्ना हम भी आदमी थे इश्क के।" उनका संशोधन सुनकर सारे साथी हंसी से लोटपोट हो गए। एक बार राजा जी ने कुछ दोस्तों को बताया कि "मैंने अपना काफ़ी जीवन एक और व्यक्ति की पत्नी की गोद में गुज़ारा है।" सब लोग पूछने लगे कि वह स्त्री कौन थी ? राजा जी ने हंस कर बताया कि वह स्त्री उनकी अपनी मां थी। अगले दिन एक मूर्ख नेता ने दोस्तों से कहा कि "क्या आप जानते हैं कि वह परायी स्त्री कौन थी जिसकी गोद में मैंने जीवन के अनेक वर्ष गुज़ारे हैं ? वह महिला थीं श्री राजा जी की अम्मां।" जब यह मज़ाक राजा जी ने सुना तो वे बेहद हंसे। पंडित जी जब प्रधानमंत्री थे तो सरकारी कर्मचारियों का एक डेपुटेशन उनसे मिला और प्रार्थना की कि उनके प्रोमोशन के लिए कुछ किया जाए। पंडित जी हंसकर बोले कि "पता नहीं क्यों, आप लोग हमेशा प्रोमोशन की ही चिंता करते रहते हैं ? मुझे देखिए, पिछले सतरह सालों से मैं महज प्रधानमंत्री ही चल रहा हूं और कोई प्रोमोशन नहीं हुआ।" उनके इस प्रश्न से सारा तनाव खत्म हो गया और बाद में पंडित जी ने उनकी मांगें ध्यानपूर्वक सुनीं और उन पर उचित कार्रवाई भी की। इसी प्रकार जब बुल्गानिन और ख्रुश्चेव भारत आए तो एक दिन पंडित जी के साथ उस समय बाहर निकले जबकि दफ़्तरों के बंद होने का समय था। अनगिनत कर्मचारी साइकिलों पर बाहर निकल रहे थे और मंत्री लोग अपनी बड़ी-बड़ी गाड़ियों पर घर जा रहे थे। ख्रुश्चेव के प्रश्न करने पर पंडित जी ने हंसकर कहा कि "जो लोग पैदल या साइकिलों पर हैं, वह जनता है और जो लोग मोटरों में हैं, वे जनता के सेवक हैं।" पंडित जी ने जब सांसदों का मासिक वेतन चार सौ

बीस रुपया तय किया तो क़ानून मंत्री जगन्नाथ कौशल ने कहा कि "आप तो खुद वकील हैं। चार सौ बीस कहना कुछ शरारतपूर्ण लगता है।" पंडित जी हंस पड़े और उन्होंने वेतन की दर चार सौ इक्कीस रुपए कर दी। इसी प्रकार जब एक व्यक्ति को चुनाव का टिकट दिया जा रहा था तो पंडित जी ने उसका विरोध किया क्योंकि वह व्यक्ति भ्रष्ट था। प्रदेश के मुख्यमंत्री ने उसकी सिफ़ारिश करते हुए कहा कि वह कई बार जेल गया है। पंडित जी ने तुरंत कहा कि "हां, अब तो एक कांग्रेसी और एक गुंडे में बस यही अंतर रह गया है कि कांग्रेसी पहले जेल जाता था और फिर मंत्री बनता था और अब बदमाश जो है वह पहले मंत्री बनता है और फिर जेल जाता है।"

सरदार पटेल भी काफ़ी विनोदप्रिय व्यक्ति थे और वे गांधी जी तक को नहीं बख़्शते थे। गांधी जी सदा पानी में नींबू मिलाकर पीते थे। एक दिन गांधी जी ने कहा कि "नींबू के स्थान पर अब मैं इमली का प्रयोग किया करूंगा।" सरदार पटेल ने इस प्रस्ताव का विरोध किया और कहा कि "इमली हानिकारक होती है; उससे हड्डियां गल जाती हैं।" बापू ने कहा कि "जमनालाल जी तो उसका बराबर सेवन करते हैं।" पटेल साहब ने तुरंत उत्तर दिया कि "आप जानते ही हैं, जमनालाल जी कितने मोटे हैं। इमली उनकी हड्डी तक कैसे पहुंच सकती है?" सरदार की इस उक्ति पर बापू निरुत्तर हो गए। इसी प्रकार एक बार जेल में गांधी जी के लिए नारियल की रस्सी से बुनी चारपाई आई। पटेल साहब ने कहा कि "इसके बजाय निवाड़ से बुनी चारपाई मिल जाती तो अच्छा रहता।" बापू ने बड़े तर्क दिए पर सरदार नहीं माने। अंत में चलकर बापू ने अंतिम तर्क दिया और कहा कि "मेरी मां ऐसी ही खाट पर अदरक छीला करती थीं।" सरदार पटेल ने हंसकर कहा कि "इसीलिए तो मैं कहता हूं कि इस पर सोने से आपकी जो थोड़ी-बहुत चमड़ी है वह भी छिल जाएगी।" उनकी इस उक्ति का बापू के पास सिवाय हंस देने के और कोई उत्तर नहीं था।

कृपलानी जी बड़े मुंहफट व्यक्ति थे । उनके अनुसार देशभक्ति की चरम सीमा यह थी कि खादी का बना 'निरोध' प्रयोग किया जाए । एक दिन वे कुछ बच्चों के साथ कहीं जा रहे थे । रास्ते में उनके परिचित एक सेठ जी मिले जिनसे थोड़ी देर बातचीत हुई। उसके बाद बच्चों ने पूछा कि ये कौन थे ? कृपलानी जी ने बताया कि वे एक उद्योगपति थे । आगे चलकर उन्हें एक स्थान पर बच्चों की ऐसी भीड़ मिली जो अपने माता-पिता के साथ पिकनिक जा रही थी । साथ के बच्चों ने कृपलानी जी से पूछा कि "इतने सारे बच्चे कहां से एक ही परिवार में आए ?" कृपलानी जी ने समझाया कि "पहले तुम्हें एक 'उद्योगपति' मिले थे और यह जो तुमने देखा यह 'पति-उद्योग' कहलाता है ।" एक बार कृपलानी जी संसद में जान मथाई से भिड़ गए । वे कहने लगे कि "जो आदमी एकदम नाकारा होता है वह सरकार की नौकरी में ही आता है—हैसियत चाहे बाबू की हो या मंत्री की ।" जान मथाई ने बड़े शांत ढंग से उत्तर दिया कि "मुझे यह देखकर सुख होता है कि आचार्य कृपलानी भी सरकारी नौकरी के लिए दिन-प्रति-दिन उपयुक्त होते जा रहे हैं।"

श्रीमती सरोजिनी नायडू बहुत ज्यादा विनोदप्रिय थीं । जब राजा जी भारत के गवर्नर-जनरल नियुक्त हुए तो सरोजिनी नायडू उनसे मिलने गईं ।

सारे मकान [जिसे अब राष्ट्रपति भवन कहा जाता है] को दिखाने के बाद राजा जी ने उन्हें अपना शयन-कक्ष दिखलाया और पूछा कि "इतने बड़े पलंग पर मैं भला अकेला कैसे सो सकता हूं ?" श्रीमती नायडू ने तुरंत उत्तर दिया कि "मैंने बड़ी-बड़ी कठिनाइयों में आपकी मदद की है मगर इस समस्या के समाधान के लिए मैं आपकी कोई सहायता नहीं कर सकती ।" जब वे संयुक्त प्रांत की राज्यपाल थीं तो एक कम पढ़े-लिखे राज्यमंत्री उनसे मिलने आए । उन्होंने श्रीमती नायडू से कहा कि "आपका आगेवाला हिस्सा (मुराद राजभवन के आगेवाले

भाग से थी) बहुत सुंदर है।" श्रीमती नायडू ने तुरंत कहा कि "आपने मेरा पिछला हिस्सा अभी नहीं देखा, वह तो और भी ज़्यादा सुंदर है।" एक बार लुई फ़िशर वर्धा गए तो देखा कि बाहर तीन प्राणी बैठे हैं जो स्त्री-जैसे लगते हैं। वे लोग वास्तव में सर्वश्री सरदार पटेल, राजेन्द्र प्रसाद व कृपलानी जी थे जिन्होंने सर्दी के मारे अपने सिरों तक शाल ओढ़ रखी थी। लुई फ़िशर पहली बार भारत आए थे। उन्होंने सरोजिनी नायडू से पूछा कि "कांग्रेस वर्किंग कमेटी में कितनी महिलाएं हैं ?" श्रीमती नायडू ने बताया कि "मैं अकेली ही महिला हूं जो वर्किंग कमेटी की सदस्य हूं।" इस पर लुई फ़िशर ने उपरोक्त तीनों नेताओं की ओर इशारा किया जो सिर को शाल से लपेटकर बैठे थे और औरत-जैसे लग रहे थे और पूछा कि "वे स्त्रियां कौन हैं ?" सरोजिनी नायडू ने बताया कि "ओह, वे तीनों तो गांधी जी की विधवा हैं।"

[5]

उन दिनों संसद में भी जोरदार मज़ाक चलते थे। एक बार पंडितजी ने यह कह दिया कि "चीन ने भारत का जो हिस्सा अपने कब्ज़े में ले लिया है, उसकी आप लोग ज़्यादा चिंता न करें क्योंकि वह क्षेत्र बंजर है और वहां कुछ भी पैदा नहीं होता।" महावीर त्यागी तुरंत उठ खड़े हुए और अपना गंजा सिर आगे झुकाकर बोले कि "प्रधानमंत्री जी, क्या मेरा यह सिर बेकार है क्योंकि इस पर कुछ पैदा नहीं होता ?" उनके उस प्रश्न को सुनकर सारी लोकसभा कहकहों से गूंजने लगी। इसी प्रकार एक बार श्री डांगे ने यह पूछा कि "सरकार अनाथों के लिए कुछ क्यों नहीं करती ?" पंडित पंत तुरंत खड़े हुए और बोले कि "जब तक आप-जैसे लोग भी देश की संसद में हैं, तब तक सरकार पर अनाथों के प्रति उपेक्षा का दोष कैसे लगाया जा सकता है ?" उनका उत्तर सुनकर श्री डांगे स्वयं भी हंस उठे। इसी प्रकार एक बार

गृहमंत्री श्री लालबहादुर शास्त्री ने यह कहकर सांसदों को काफ़ी हंसाया कि "वे शायद ऐसे प्रथम गृहमंत्री हैं जिसके पास अपना कोई गृह नहीं है।" श्री श्रीपाद अमृत डांगे ने सरकार के ख़िलाफ़ एक ऐसी याचिका पेश की थी कि जिसका वज़न कई मन था और जिसे संसद तक लाने के लिए बैलगाड़ी का इस्तेमाल करना पड़ा था। एक बार ऐसा हुआ कि एक संसद-सदस्य की मृत्यु हो गई। एक सांसद दिवंगत सदस्य को श्रद्धांजलि देने के लिए उठा मगर गलती से उसने मृत व्यक्ति के स्थान पर एक ऐसे सांसद का नाम लिया जो जीवित था और अगली सीट पर ही बैठा था। शोक का क्षण अनायास ही उपहास का विषय बन गया। एक बार श्री फ़ीरोज़ गांधी खड़े हुए और प्रधानमंत्री से पूछने लगे कि "क्या कारण है कि जहां भी कोई स्त्री मंत्री बनती है, वहीं 'अफ़ेयर' शुरू हो जाता है।" यह बात श्री गांधी ने ऐसे वक़्त पर कही थी जबकि डिपार्टमेंट ऑफ़ इकोनोमिक अफ़ेयर्स, डिपार्टमेंट ऑफ़ फ़ॉरेन अफ़ेयर्स तथा डिपार्टमेंट ऑफ़ होम अफ़ेयर्स—इन तीनों में स्त्रियां ही राज्यमंत्री थीं। एक बार बड़ा मज़ा आया। राष्ट्र का बजट पेश हो रहा था मगर काफ़ी संसद-सदस्य उस विदेशी सुंदरी को निहार रहे थे जो लगभग आधी नंगी स्थिति में दर्शकों की गैलरी में बैठी थी। श्री एस. के. पाटिल ने खड़े होकर सदस्यों से कहा कि "आप बजट में उन्हीं हिस्सों को देखें जो साफ़ हैं, खुले हैं : उन अंगों को देखने की चेष्टा न करें जो थोड़ा बहुत ढके हैं।" उनकी इस व्यंग्योक्ति को सुनकर पंडित जी तक हंस पड़े।

संसद-भवन में प्रधानमंत्री जी का एक अलग कमरा भी है। जब भी कोई बड़ा आदमी संसद की कार्यवाही देखने आता है तो वह यथासंभव प्रधानमंत्री से भी मिलकर ही जाता है। एक प्रसिद्ध साम्यवादी नेता जब पंडित जी से मिले तो उन्होंने पूछा कि "मिस्टर नंबूद्रीपाद, क्या आप हमेशा हकलाते हैं ?" श्री नंबूद्रीपाद ने तुरंत उत्तर दिया कि "नहीं, मैं हमेशा नहीं हकलाता; मैं तो सिर्फ़ बोलते हुए ही हकलाता हूं।" उनका

उत्तर सुनकर पंडित जी ने उन्हें गले लगा लिया। इसी प्रकार प्रसिद्ध अभिनेता मोतीलाल जब पंडित जी से मिला तो उसने यही कहा कि "आपके सामने मैं अपना नाम लेते डरता हूं।" पंडित जी ने ज़ोर दिया तो उसने कहा कि "मेरा नाम मोतीलाल है।" पंडित जी बहुत हंसे [पंडित जी के पिताजी का नाम भी मोतीलाल नेहरू ही था] और उन्होंने मोतीलाल से यह भी कहा कि "मेरे और तुम्हारे पेशे में कोई खास अंतर नहीं है। अंततोगत्वा मैं भी एक पब्लिक एंटरटेनर ही हूं।" बाद में जो प्रधानमंत्री रहे वे उतने विनोदी नहीं रहे। जनता सरकार के दिनों में मोरारजी देसाई का 'राष्ट्रीय पेय' ज़रूर चर्चा का विषय बनता था मगर और कुछ नहीं।

[6]

अब न वे दिन रहे न वे लोग। इधर नेताओं और मंत्रियों का जो स्तर है वह हम सभी को मालूम है। एक मंत्री जी प्रायः अपने सचिवों को कहा करते थे कि "आप लोग मेरे भाषणों में इतने कठिन शब्द क्यों भर देते हैं? आखिर कम से कम मुझे तो यह जानने का पूरा हक़ है कि मैं जनता से क्या कह रहा हूं।" एक नेता भाषण देकर मंच से उतरे और अपने एक मित्र से पूछने लगे कि भाषण कैसा रहा? मित्र ने बताया कि "भाषण तो बहुत श्रेष्ठ था, हां, अलबत्ता उसमें तीन कमियां ज़रूर थीं। पहली कमी तो यह थी कि भाषण लिखा हुआ था, दूसरी कमी यह थी कि वह ठीक से पढ़ा नहीं गया और तीसरी कमी यह थी कि वह पढ़े जाने योग्य भी नहीं था।" एक मंत्री को लोकसभा में एक आवश्यक भाषण देना था। विभाग के सचिव ने बताया कि "जो आंकड़े आप चाहते हैं उनको इकट्ठा करने में कम से कम एक वर्ष लगेगा।" मंत्री जी ने कहा कि "यदि सही आंकड़े मिलने में इतना समय लगेगा तो आप कुछ भी आंकड़े दे दें। विरोधी पक्ष कम से कम एक वर्ष तक तो कुछ गलती पकड़ नहीं सकता और मेरे लिए

इतना काफ़ी है ।'' एक जननेता ने अपनी पार्टी की एक महिला-सदस्या के निधन पर दी गई अपनी शोक-स्पीच में कहा कि ''मृत देवी श्री सक्सेना की पत्नी ही नहीं, वह तो हम सबकी पत्नी थीं । उनके मरने से जो स्थान रिक्त हुआ है, उसका भरना बहुत मुश्किल है ।'' कहते हैं कि रूस, अमेरिका व भारत के महान नेता भगवान् से एक साथ मिले और पूछा कि हमारे देश से भ्रष्टाचार कब दूर होगा ? भगवान् ने अमेरिका के लिए बीस साल और रूस के लिए दस वर्ष की अवधि बताई । भारत के बारे में ईश्वर ने यही कहा कि ''भारत जब तक भ्रष्टाचार से मुक्त होगा, तब तक मैं शायद जीवित नहीं रहूंगा ।'' देश के एक भूतपूर्व प्रधानमंत्री ने एक बार कहा था कि ''हम लोग तो अपने देश की सरकार के कामों में भी कोई दखलअंदाज़ी नहीं करते, हम दूसरे देश की सरकारों में क्यों खलल डालेंगे ?'' चुनाव के दौरान एक पार्टी के नेता ने खुलेआम कहा था कि ''भाइयो और बहिनो, कांग्रेस ने देश को चालीस वर्ष तक लूटा है और अब वह समय आ गया है जबकि एक अवसर आप हमें भी दें ।'' अदालत से सज़ायाफ़्ता लोग चुनाव के लिए चुने जा रहे हैं—इससे बड़ा मज़ाक और क्या होगा ?

इस प्रबंध के लिखने में मैंने 'दि एन्साइक्लोपीडिया ऑफ़ मर्थ एंड ह्यूमर', खुशवंत सिंह की 'जोक-बुक', 'दी वर्ल्ड'स बैस्ट जोक्स' और 'जोक्स एंड जोक्स' नामक अंग्रेजी पुस्तकों से और अख़बारों की ढेर सारी कतरनों से सामग्री ली है जिसके लिए मैं उन सबका आभारी हूं । कुछ मज़ाक मैं नहीं दे सका क्योंकि जयदेव की कविता की भांति उनका हिंदी अनुवाद असंभव था । और इस बात का तो मुझे बहुत ही खेद है कि कुछ बेहतरीन मज़ाक मैं मात्र इस कारण नहीं दे सका क्योंकि वे अश्लील थे । जो लोग उनका आनंद उठाना चाहें वे देहरादून आकर मुझसे मिलें । मैं यकीन दिलाता हूं कि मैं उनको निराश नहीं करूंगा । मैं उन्हें ठीक वही आनंद दूंगा जोकि अश्लील शायरी के संदर्भ में मुझे कभी गिरिजाकुमार माथुर ने दिया था ।